Initiation à l'Hypnose Classique Curative

Christophe Pank

« A tout ceux et celles qui sont les acteurs de leurs rêves. »

Sommaire

Préface

J'ai lu ce livre avec un grand plaisir, c'était une vraie bouffée d'air frais !

Ce livre va aider tous les débutants en hypnotisme qui se trouvent perdus dans la confusion des opinions et des enseignements contradictoires qui existent sur le sujet aujourd'hui.

Pank arrive à avoir une vue d'ensemble sur la pléthore de systèmes qui existent en France et ce, sans prendre parti personnellement.

Il est difficile de croire que Pank n'a que 32 ans. Il a déjà accumulé tellement d'informations et, le plus important est qu'il montre des signes de discernement qui présagent une vraie sagesse.

Comment sera-t-il d'ici 20 ans ? Reconnu en tant que grand maître de sa profession ?

En même temps, j'espère qu'en « grandissant » il gardera toujours son sens de l'enthousiasme et de l'émerveillement, comme tout bon sujet hypnotique.

J'ai été formée aux Etats-Unis, où je maintiens des contacts réguliers, j'ai l'impression que la pratique de l'hypnose, ici en France, bien que cela bouge beaucoup plus depuis ces dix dernières années, reste stagnante et limitée.

Elle est sous l'emprise de la soi-disant «hypnose éricksonienne », même si la plupart des gens qui en parlent n'ont que peu d'idée de ce que cela veut dire vraiment.

Pour paraphraser une ancienne blague américaine : « J'adore la France, ce sont les Français que je ne supporte pas ! » - j'adore Erickson, ce sont les Ericksoniens que je ne supporte pas !

Ma vision du futur est celle d'un monde où l'hypnose serait enseignée et utilisée dans les écoles, dans les affaires, dans les hôpitaux, dans le sport, dans les arts, au sein de la famille…. avec un respect total pour l'être humain et une reconnaissance de son énorme potentiel inexploité.

C'est avec l'approche aventurière et expérimentale des jeunes comme Pank, qui ne sont pas restreints par le passé et par la tradition, que l'hypnose va prendre sa vraie place en France.

Lee Pascoe

Lee Pascoe, d'origine australienne et résidente en Angleterre est hypnothérapeute certifiée (Board Certified Hypnotherapist) et instructrice pour la National Guild of Hypnotists aux Etats Unis. Elle présente les cours d'hypnose et d'hypnothérapie avancée dans toute l'Europe, au Canada et aux Etats Unis. Elle est aussi membre (Fellow) de la Professional Speakers Association

Introduction

Le mot Hypnose fait peur à la majorité de la population.

Pour avoir eu la chance avec Hype-N-Ose (HnO) d'arpenter les différentes villes de France, nous avons compris que si un mot pouvait être jeté, c'est bien Hypnose.

D'ailleurs si parmi les lecteurs, il y a des créatifs pour changer ce mot, je suis preneur.

Imaginez (*Technique : Focus Interne*) que nous vous proposions en pleine rue, de tester de l'hypnose ?

Soyez sincère, que feriez-vous ?

L'expérience nous a montré que 80 voire 90% des personnes refusent...

Savez-vous pourquoi ? Simplement parce que l'image que les gens ont de l'hypnose est qu'ils vont devenir le pantin psychique d'une autre personne.

Voulez-vous savoir si c'est vrai ?

Je regarde en même temps que je pose ces mots : **Derren Brown-The Assassin.**

Vous connaissez ? Peut être pas, allez voir si vous êtes non loin de Youtube.

Je vous donne la trame, un grand Hypnotist Anglais, prouve au monde entier que l'on peut faire tirer une personne sur une autre sous hypnose...

Ça fait froid dans le dos, vous aviez donc raison ...

Regardez cette vidéo, pour parvenir à un tel objectif, il y a un travail énorme à mettre en place.

Donc dans la rue, sur scène et en séance, nous ne pouvons pas faire faire n'importe quoi.

Et alors, que présente ce livre que vous tenez dans les mains ?

Des informations, des éléments de compréhension, des anecdotes et notre compréhension à ce jour.

Nous sommes le Groupe Hype-N-Ose, une association de praticiens et passionnés par les thérapies brèves et l'hypnose en particulier. Je suis Pank, je vais vous entraîner dans ce monde.

Notre ambition est de faire une série de livres évolutifs, au gré de notre évolution, de nos compréhensions.

Nous sommes dans une ère d'informations, d'évolutions où tout va vite et tout est impermanent.

Les praticiens que nous sommes aujourd'hui auront compris d'autres choses dans les années à venir, et nous vous proposerons, nos réflexions, la critique de notre propre travail, avec du recul et surtout des heures d'expérience en plus.

Une chose est certaine, un praticien ne peut pas être et croire aux mêmes choses durant toute sa carrière ou sinon, c'est qu'il a arrêté de chercher.

L'idée de ce livre, dans cette forme, m'est venue le jour où Cèce, une amie, m'a dit
« Plus je lis le bouquin de Twist et plus j'ai l'impression d'être nulle, de ne pas être « capable » de devenir une bonne « praticienne ». Donc elle enchaîne les formations, et achète de plus en plus de livres.

En conclusion au lieu d'apprendre, **elle doute et n'arrive plus**.

Je suis d'une école de vie très simple, on arrive à tout avec de la mise en pratique.

Je lui ai expliqué que les livres de Twist et d'autres auteurs connus en France sont là pour mettre en avant leur style, leur école, leur ego.

En mettant en avant leurs expériences (ou leurs rêves) ils deviennent **des personnages clefs**, des référents au pouvoir absolu et au savoir parfait …

Ce qui permettra aux néophytes de se dire qu'ils ont trouvé un « grand » monsieur et pour les praticiens de laisser un monde entre leurs compétences et celles des « Maîtres ».

Trex, un ami m'a dit, quand j'ai eu l'idée d'écrire ce livre, qu'**il risquait de ne pas plaire**.

Comme je souhaite le faire dans une optique de livrer ce que je connais et comprends à un instant T, que les volumes qui suivront, pourraient contredire, remettre en question, ce que j'écris en ce jour, les **lecteurs ne trouveront pas de dogme absolu**.

Ce qui peut être problématique, selon lui, le néophyte ou le professionnel souhaitent des figures d'autorité et des savoirs absolus.

J'ai trouvé sa réflexion intéressante et je ne vais pas changer le concept de cet ouvrage pour ces attentes.

Si un praticien fait ou enseigne, les mêmes choses pendant des années, c'est que soit il a trouvé la **clef absolue de son système, soit il ne cherche plus**.

En mettant en mot ce système qu'est l'hypnose, je pars du principe que ma connaissance est une parcelle d'un monde en évolution, si je reprends la PNL qui est une forme d'hypnose, ma carte du monde n'est pas le territoire.

Ce qui me laisse à penser que, **mes cartes vont se réactualiser** et par conséquent, une remise en question des acquis sera nécessaire.

Voilà le projet d'un groupe de praticiens qui vous donne sa connaissance à un moment donné. Prenez ce qui est proposé comme des chemins possibles en aucun cas des vérités.

Si un point est essentiel en hypnose... c'est de **responsabiliser** ses clients/patients, et aussi **SE responsabiliser** dans ses propres limites.

Chapitre 1 : Qu'est ce que l'hypnose ?

Nous aurions pu parler de l'histoire de l'hypnose, MAIS (*Technique : Annulation* : le 'mais' annule ce qui est dit en amont) pour cela je vous laisse la curiosité de voir les mille et une versions qui existent.

Pour l'heure, prenons plaisir à expliquer ce qu'est l'hypnose.

Nous pouvons faire simple, l'hypnose est un **état commun et universel que tout le monde vit**...

Cet aspect enlève d'entrée une question : « Mais moi suis-je hypnotisable ? »
Tout le monde l'est simplement parce que c'est aussi naturel que s'endormir, rêver, se détendre …

Le corps et l'esprit humain ont des fonctionnements physiologiques cycliques qui sont admis par tous, l'Hypnose ou plutôt l'état hypnotique l'est aussi.

Qui n'est pas parti dans les nuages pendant un cours ? Un film ? Une réunion ?
Qui n'a pas déjà réalisé qu'il est rentré chez lui sans avoir fait attention au chemin ?
Qui ne s'est pas réveillé le matin avec cette sensation de ne pas être réellement là, ici et maintenant (autrement dit la tête dans le …)

Ce sont des états « modifiés » du conscient (vous savez ce qui vous permet d'analyser et critiquer, tout ce que vous voyez, lisez...)

Vous êtes d'accord que tout le monde vit cela ?

Vous allez vous dire :
« Ok, j'ai déjà été en hypnose » (on nommera cela en transe), « pourtant je n'ai jamais fait des choses incroyables comme j'ai pu le voir à la télévision. »

C'est vrai, si je vous donne une Porsche et que vous ne savez pas conduire... ce n'est pas très utile et pourtant c'est exactement ce qui se passe.

Vous avez un **DIAMANT en VOUS** et vous ne le voyez pas briller.

Certains expliquent que le moment pendant lequel vous êtes en Transe, vous êtes capable de **décupler les suggestions qui vous sont faites.**

Et là, c'est la déception. C'est tout ? C'est juste ça ? Alors en gros c'est la méthode Coué.

Exactement c'est juste ça et effectivement Émile Coué, de part son travail, réussissait à trouver les moments où nous sommes en transe : juste au réveil et avant de nous endormir pour envoyer des suggestions puissance 10.

C'est juste ça, comme **la roue n'est juste qu'une roue**, rien de technologique, d'incroyable, de fou et pourtant la base de presque toutes les technologies mécaniques.

L'hypnose c'est la **roue de votre Esprit**. Après c'est à vous et/ou à votre opérateur d'en faire devenir un outil exceptionnel.

Comment une suggestion peut être exceptionnelle ?

Nous sommes d'accord pour dire que l'hypnose est un **état naturel commun**, qui développe l'impact des suggestions.

Il est certain que nous pouvons nous interroger sur le levier démultiplicateur. Ce levier c'est le **Subconscient**.

Ce dernier est le **disque dur** de notre être, c'est là que tout est stocké depuis notre conception. C'est une partie de nous qui n'a aucune limite et qui est souvent liée à notre imaginaire.

Voici un petit Schéma de notre association pour expliquer ces notions : Conscient et Subconscient

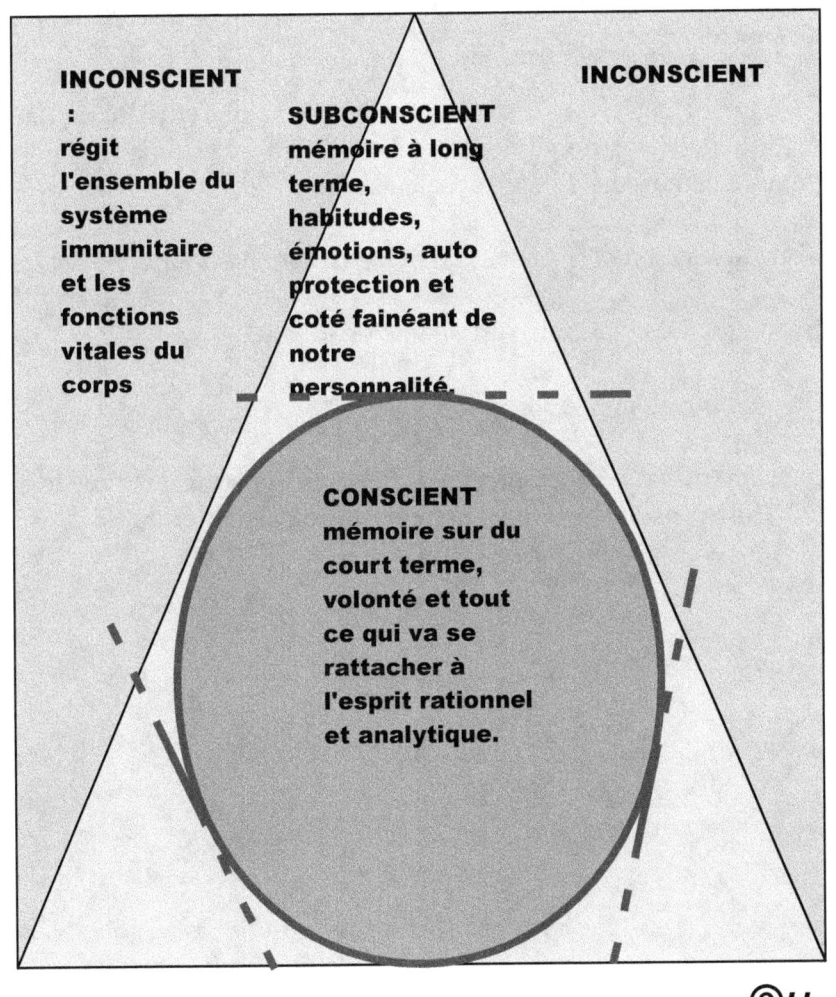

INCONSCIENT   INCONSCIENT

: régit l'ensemble du système immunitaire et les fonctions vitales du corps

SUBCONSCIENT mémoire à long terme, habitudes, émotions, auto protection et coté fainéant de notre personnalité.

CONSCIENT mémoire sur du court terme, volonté et tout ce qui va se rattacher à l'esprit rationnel et analytique.

©HnO

— — — ▬▬ Facteur critique / by-pass

Très bien vous comprenez donc que c'est **naturel**, que l'outil c'est **la suggestion** et que le levier c'est le **subconscient**, il nous reste à savoir comment y parvenir…

C'est **simple** soit on attend que ça arrive et on lui saute dessus… avouons-le, pour une thérapie ça risque d'être difficile, soit on apprend à **provoquer ce passage** d'un état conscient à un état lié au subconscient.

Et pour ce faire on va utiliser un **contournement du facteur critique**, en gros on va feinter, très brièvement le conscient pour prendre l'autoroute du subconscient.

Voilà tout l'art de l'hypnotist ou hypnotiseur.

Et comme c'est naturel, c'est simple de le faire.

Ce qui nous donne la formule suivante :

État Naturel + Réceptivité des suggestions + Lien avec le Subconscient + Contournement de l'esprit critique = HYPNOSE

Chapitre 2 : Que fait-on de cet état ?

Maintenant que vous avez bien compris que c'est un **ETAT** plus qu'un système, vous devez vous demander, à quoi ça va me servir ?

On peut dire que l'hypnose c'est un peu le sel et le poivre de la vie, à partir du moment où vous savez l'utiliser, vous pouvez le saupoudrer partout dans vos activités quotidiennes.

Que ce soit dans le sport, la vie professionnelle, le rapport aux autres, le couple...

Que ce soit pour un travail de mieux être ou un désir de performance, c'est un outil qui se greffe à tous les autres et qui peut en décupler les effets.

Le praticien, lui, se forme pour comprendre les différentes étapes nécessaires pour emmener son partenaire dans cet état et pour qu'il l'exploite au maximum.

La nature a des règles, l'esprit aussi... le paradoxe de notre travail c'est que chaque personne est unique et qu'il faut s'adapter à chacun.

En hypnose, on voit beaucoup d'écoles, de sites et de professionnels vanter ou même vendre des protocoles, à répéter mots pour mots à tous les clients/patients, sans adaptation, en expliquant que les mots sont longuement étudiés.

C'est amusant de dire qu'un vêtement de taille unique sera parfaitement adapté à tout le monde.

Si l'humain était simple et que quelques procédures pouvaient régler tous les soucis de tout le monde, il n'y aurait pas autant de systèmes thérapeutiques, ni autant de praticiens différents.

Donc nous étudions les moyens de faire des séances, de découvrir les patients, leurs objectifs, leur volonté d'avancer et surtout de faire un deal simple :

Responsabiliser le client/patient pour qu'il fasse la moitié du travail en lui amenant l'autre moitié...

Chapitre 3 : La Responsabilité

Maintenant que vous avez une idée de ce qu'est l'hypnose, passons à ce que je répète et que je répéterai pendant tout le livre : la **responsabilité est à la fois** du praticien et du client/patient.

Quand on pense thérapie brève et encore plus hypnose, on se dit ça va aller vite, limite en une ou deux séances on aura guéri et cela sera de l'histoire ancienne.

Soyons clair, il est possible, par ces disciplines, en très peu de séances d'avoir des résultats exceptionnels.

Seulement ce n'est absolument pas la majorité des cas. Il faut se mettre en condition pour vivre une période de **changement et de travail sur soi.**

L'hypnose de scène (que j'aime sur de très nombreux aspects) donne à croire que l'opérateur est tout puissant...
Ce qui n'est pas vrai, l'opérateur provoque simplement une ouverture sur le subconscient et propose juste de se laisser aller dans un cadre, pendant un temps limité.

Il est possible d'aller aussi loin parce que les spectateurs souhaitent vivre ou découvrir cet état dans la rigolade.

En séance curative c'est la même chose, la démarche est possible simplement parce que votre client/patient souhaite sincèrement s'investir dans une démarche.
C'est là qu'il y a la différence, ce n'est pas le temps de quelques minutes ou de quelques heures, c'est sur des semaines, des mois et parfois des années.

C'est de la régularité, **un travail sur soi** (*Technique : Seeding* : c'est-à-dire répétition du même concept pour que le subconscient l'admette).

J'ai pu observer dans mes retours de séances que les clients/patients ne s'investissent pas vraiment. Vous vous demandez sûrement, comment puis-je dire cela ?

Lorsque j'ai commencé il y a quelques années avec des méthodes différentes de l'hypnose, je me disais qu'il fallait donner des outils à nos clients/patients et j'avais proposé à tous, des exercices, issus du yoga ou des arts martiaux pour qu'ils puissent aussi mettre en action leur propre travail et capacité.

Vous savez quoi ? Plus de 95% des clients/patients n'ont jamais fait ce que je leur proposais.

Étrange n'est-ce-pas pour des personnes qui sont investies dans une démarche curative ?

Ils ne prenaient pas leur part de **responsabilité** dans le travail et comme notre société allopathique, nous a habitués à simplement consommer des pilules, sans grand effort de notre part, le travail personnel est occulté et nous mettons **notre santé entre les mains d'un autre** en attendant qu'il s'occupe de tout.

Dans les thérapies brèves, il est indispensable de faire des actions, d'avancer pour soi. Le praticien vous aide, vous coache.

Le coaching aujourd'hui consiste plus à **tirer des clients** qui ne veulent pas se prendre en main **qu'à un partenariat pour les pousser** vers des objectifs.

Ayant un gros background sportif, je suis très étonné de voir que les personnes voulant être coachées, attendent qu'on les tire, qu'on leur fasse ressortir la tête de l'eau et surtout pas qu'eux mêmes le fasse avec **notre appui derrière**.

C'est en cela qu'aujourd'hui j'estime que nous devons recadrer (*Technique : Recadrage*) les clients/patients dans **leur rôle**.

D'ailleurs en Hypnose, un de mes professeurs explique que nous ne devons en aucun cas prendre le patient qui n'a pas envie de faire des efforts et **faire les 50% du chemin** qu'il reste pendant la séance.

Vous me direz, à quoi il sert alors le praticien ?

Il va vous cerner, **cerner** vos objectifs et très souvent aller plus loin que vous ne le pensiez sur une problématique.

Il va vous mener à un **état de transe,** utiliser les outils qui ont été développés grâce à votre aide, vos retours, votre participation et les informations que vous donnerez à ces moments là, vous ramener à votre état conscient et débriefer avec vous.

Nous vous amenons à des portes, **c'est à vous de les pousser.**

J'ai vu en séance, des personnes qui voulaient consciemment des résultats, être incapables de les obtenir pendant la séance parce qu'il y avait d'autres points à traiter avant et qu'elles ne souhaitaient pas travailler dessus.

C'est extraordinaire nous ne savons jamais là où nous allons nous retrouver ni même les différentes réactions, résistances et informations qui vont nous parvenir pendant la Transe.

En somme :

Travail du Praticien + Engagement long terme du Patient = Séance bénéfique

Chapitre 4 : Le Pretalk

Le **pretalk** est un procédé qui est très utilisé dans les pays Anglo-saxons, d'ailleurs en Français on ne l'a même pas traduit tellement il est peu utilisé dans le sens technique du terme.

La première fois que j'en ai entendu parler c'était d'un de mes instructeurs dans le sud.
Il en parlait comme **essentiel** et peu connu dans le Pays.
Il avait complètement raison.
L'hégémonie de la bien pensante Hypnose Ericksonienne, comme tout courant majeur dans un domaine, empêche l'éclosion d'autres types de fonctionnements.

Le pretalk est **essentiel** à la fois en scène, dans la rue et dans un contexte curatif.

C'est une phase dans laquelle nous allons donner l'**ensemble des informations** sur ce qu'est l'hypnose, sur ce que la personne va vivre, sur les différentes choses qui peuvent se passer.

Le pretalk **rassure, informe et répond** aux questions.

Les meilleurs apprentissages de pretalk se font dans la rue.
Nous pouvons vraiment apprendre et développer au mieux nos compétences vis-à-vis de personnes complètement néophytes.

Certains professeurs estiment que c'est le moment de **montrer que nous connaissons** et maîtrisons notre sujet.

Il est d'ailleurs intéressant de voir que c'est pour cela que beaucoup de personnes accrochent leurs diplômes dans leur cabinet.

Au moins on sait que ce sont des personnes validées (Après on ne sait jamais comment un certificat est obtenu...) et donc que l'on a fait le bon choix en choisissant ce praticien.

Saviez-vous que nous ne dormons pas en Hypnose ?

Saviez-vous que par conséquent vous n'allez pas avoir de réveil ?

Saviez-vous que vous êtes « conscient » de tout ce qui se passe ?

Saviez-vous que vous pouvez à n'importe quel moment interrompre la séance ?

Saviez-vous que vous êtes le seul maître à bord lors d'une séance ?

C'est un moment que j'aime beaucoup, il nous permet de **casser les mythes de l'Hypnose.**

Pourtant, combien de praticiens jouent de ce pretalk pour montrer leur toute puissance.

Ne nous leurrons pas, les thérapies brèves sont pleines de personnes comme vous et moi, que vous croisez dans le quotidien, avec leurs problèmes, leurs pulsions, leurs travers...

Clarification l'hypnose + Informations complémentaire + Rassurer le client = Pretalk

Chapitre 5 : Le monde des praticiens

Si vous voulez pratiquer l'hypnose ou n'importe quel système de développement personnel, n'ayez crainte, vous n'avez **pas besoin d'être parfait**.

Il y a un frein pour ceux qui ont un vrai don d'écoute et de partage qui peut être le suivant :
« Je ne suis pas toujours au top, je n'ai pas tout réglé en moi, je ne devrais pas être praticien. »

C'est un grand classique, bonne nouvelle, **aucun praticien n'a tout réglé**.
C'est normal, l'important étant de continuer à travailler sur soi et de ne pas se prendre pour un tout puissant et qui connaît tout.

J'ai la chance d'être depuis pas mal de temps dans ce monde, j'ai appris beaucoup seul, j'ai également fait énormément de stages et de séminaires (je continue, l'apprentissage est une voie d'humilité, on se dit toujours qu'on ne connaît rien).

Saviez-vous qu'il y a des praticiens dans de pires états que certains de mes clients/patients.

On retrouve aussi tous les aspects de notre quotidien.
Des personnes qui font cela pour **prendre pouvoir** sur autrui, d'autres pour la **reconnaissance**, d'autres pour l'**argent**.

Il n'y a pas que des gentils dans les praticiens, ce sont des humains, ils ont leurs forces et ils ont leurs faiblesses.

Un de mes professeurs de Kinésiologie m'a dit une fois : **« ne mets personne sur un piédestal et surtout ne laisse personne te mettre dessus »**

Quand on est apprenant ou client/patient, **on attend l'intervenant parfait.**

D'ailleurs, comme on le voit dans un cadre particulier, on ne le voit que dans une optique extrêmement positive.

Il maîtrise sa discipline (encore heureux), bien que certains racontent des bêtises, seulement comme nous n'avons pas de cadre de références, cela devient réalité et vérité.
Il présente bien, apporte souvent ce que l'on attend.

Il y a le fameux « **transfert** » de certains patients sur le thérapeute.
Cela existe aussi chez l'apprenant qui veut devenir comme le professeur.

N'oublions pas que cela reste dans un cadre défini, avec ses limites.

Nous ne connaissons pas l'Humain derrière, il est peut être comme nous parfois même pire.

Restez toujours ouvert, personne n'est meilleur qu'autrui, on se retrouve dans des discours qui nous font écho.

Ouvrez-vous à d'autres systèmes, d'autres moyens, d'autres connaissances, d'autres écoles.

Saviez-vous que dans de nombreuses écoles, l'intérêt économique supplante l'objectif de former des praticiens de qualité ?

Je ne vais pas vous faire un cours de marketing, mais juste vous donner quelques infos.

Ces formations laissent constamment l'apprenant dans des **questionnements**, le laissant dans **le doute de ses compétences** et avec **une attente** de savoir (*Technique : Attente*), les poussant à acheter le niveau supérieur à des coûts toujours plus élevés et qu'en définitive ils n'en ressortent qu'avec de nouvelles questions et toujours des doutes sur leur pratique.

Vous connaissez cette sensation ?

Bienvenue au club... combien de fois ai-je été frustré et je me suis dit qu'on se fichait de moi.

Et puis j'ai compris l'hypnose et l'impact de ses suggestions, pendant ces formations.... (Nous en reparlerons)

Défauts + Humanité + Force + Faiblesse = Le Monde des Praticiens

Chapitre 6 : Le monde de l'apprentissage

Nous y voilà, les formations en thérapies brèves et en hypnose plus précisément.

Alors vous me direz :
« Ok Pank ! J'ai compris en gros ce que représente l'hypnose : un état lié à notre subconscient et qui nous permet de développer nos capacités à décupler l'impact des suggestions en nous. »

« Maintenant je veux me former. »

Alors là vous tomber dans un univers de folie hypnotique.

Déjà, inconvénient numéro un... **vous n'y connaissez rien et eux ils savent vendre** leurs produits.

Imaginez que vous entrez dans un magasin de téléphones, vous souhaitez juste un combiné, votre but est simple et déterminé en plus vous n'y connaissez rien.

Bizarrement vous ressortez avec un téléphone de la marque POMME et avec un forfait de 24 mois dont vous n'avez que faire.

Quand on cherche des écoles c'est un peu la même chose.

On ne sait pas où l'on va et on finit par se former.

Du léger intérêt on finit fasciné.

Vous me direz que ce sont de bons vendeurs (ce n'est pas de la manipulation, l'hypnose n'impose rien... toute suggestion y est démultipliée ...et notez que vous oubliez ces phrases.).

Entre les écoles NOE, POLYTECHYPNOSE et autres instituts aux noms d'oiseaux vous vous retrouvez perdus... ou dirigés.

Comme on dit souvent dans l'association, faites-vous confiance et écoutez-vous : on n'a pas de meilleurs conseils à moins que vous ne connaissiez déjà une forme d'hypnose.

Puis viennent les fameux styles...

Parce que oui, il y a des styles et comme pour les équipes de foot, c'est toujours la notre qui est la meilleure.
Notez que c'est très franco... Français, nos amis anglo-saxons parlent moins de style que nous.

Vous découvrez, l'**Hypnose Ericksonienne**, rien à voir avec les téléphones.

J'ai souvent vu que lorsque l'on parle à un néophyte dans l'hexagone, il aime à placer :

« Ah oui, je connais l'Hypnose Ericksonienne » comme si c'était un bon point...

Comme quoi l'équipe marketing du système a bien fait son travail.

C'est une excellente méthode, mise en place par un Psychiatre, qui l'a beaucoup utilisée sur lui pour améliorer son état et sortir de la polio.

Cet Homme est **Milton Erickson.**

C'est un génie qui a transformé ses bases de Classique en une hypnose principalement **CONVERSATIONNELLE**.

En parlant de génie, ça me rappelle l'histoire d'une de mes profs, qui en allant se former aux USA entendit le formateur de Conversationnel dire ceci :

« L'Hypnose Ericksonienne était pratiquée par un Seul et Unique Homme : Milton Erickson et il est mort.
C'était un Génie, on peut enseigner un canevas ou une méthode mais pas aux apprenants **à devenir des génies.** ». Joli n'est-ce-pas ?

Et là, j'ai tous mes amis Ericksoniens qui vont montrer leurs dents.

Pank, t'es qui pour dire cela ? Moi, **personne**, je répète ce qui est enseigné ailleurs, qu'est-ce qui fait qu'on ne nomme pas, en France, simplement cela : hypnose CONVERSATIONNELLE ?

Milton Erickson est mort et son style avec lui.
Quelle est cette idée de vouloir faire comme lui ? **Pourquoi ne pas s'inspirer de lui et devenir vous** ?

Vous avez compris que cette hypnose est populaire en France et joue sur la conversation.

Rappelez-vous ce que j'exprimais tout à l'heure (*Technique : Focus Interne*).
Quand vous allez sur un salon, vous vous renseignez dans une école et que pour Dieu sait quelle raison vous finissez par signer une fiche d'inscription.

C'est une hypnose qui est très utilisée par le **monde de la politique et du business.**
On a renommé cela PNL, qui est **la petite sœur** de ce travail d'hypnose.

En France, il y a peu d'alternative à l'écrasante Hypnose Ericksonienne.
C'est d'ailleurs ce que vous trouverez le plus facilement.

Cette méthode c'est bien implantée sur le territoire parce que son fondateur était un psychiatre et notre Pays ne faisant confiance qu'au médical, cela permettait d'implanter une certaine **marque de sérieux** dans cette discipline.

Vous pourrez trouver d'autres écoles, plus liées à une hypnose « Moderne » c'est-à-dire mixant les différentes tendances.

Ce sont des formations plus orientées **vers une pratique**, comment mettre en transe son partenaire, quelques protocoles de bases et comment ouvrir son cabinet. C'est une professeur Australienne qui organise cela en France.

Pour ma part, je suis pour le croisement des méthodes je pratique l'**Hypnose Classique Curative**.

J'ai souvent été étonné du **mépris** d'une école à une autre (je vous l'avais dit, c'est comme au foot).

On critique dans le classique les techniques trop directes.

J'aime la nuance que fait Irn, en expliquant que nous sommes directs sans forcément être directifs.

De plus, mes amis Ericksoniens (j'ai été formé dans ce type de méthode aussi) expriment souvent cette idée que nous manquons de subtilité, que nous imposons une direction.

Ils aiment à mettre en avant la **notion métaphorique de leur système** qui laisse le choix à leurs clients.

Si l'on prend des pré-tests connus en hypnose, comme la main collante ou le ballon cataleptique, ce sont des méthodes que les hypnotiseurs de scène utilisent et subliment pour faire coller les mains, ce n'est pas :

« Maintenant tes mains se rapprochent et se collent »,
non, mais plutôt
« Tes mains sont comme attirées par des aimants qui attirent une main vers l'autre, comme si un vortex accélère le mouvement... »

Des métaphores donc.

N'oublions pas les bases, la **base du conversationnel est le classique**.
Sans base, il n'y a pas de pyramide.

Hypnose Classique + Hypnose Conversationnel + Hypnose Néo Classique (Moderne) = Le Monde de l'hypnose

Chapitre 7 : Et ça commence quand ?

Bonne question. Que ce soit dans un livre, dans un discours, dans une formation ou pendant une séance, on ne sait jamais quand est-ce que le **travail de mise en transe** commence.

La première réaction que nous avons souvent :
« Attends, MOI, on ne me manipule pas comme ça ».

J'aime reprendre l'impact de la **publicité** qui est excellent, au niveau des **mises en transes et suggestions :**

Si je vous dis :
Si JU va bien, C'est.... (Complétez le blanc)...
N'allez pas me dire que vous n'avez pas pensé directement aux vitamines.

Et là, les pros du marketing vont me dire que c'est connu, c'est une manière de vendre.
Ce à quoi je réponds : Connaissez-vous la PNL ?

La Programmation Neuro Linguistique ? Pour les personnes qui sont dans le commerce, la vente, le marketing et le management, ça doit plus ou moins faire écho.

Cette méthode est utilisée depuis plus de 40 ans pour construire les argumentaires de ventes, les modèles de gestions RH et autres communications comme la publicité.
C'est un outil reconnu comme **très performant.**

A votre avis qu'est-ce qui fait que ce soit si performant ?

L'**état hypnotique** que vous mettez en place ou que vous tentez de mettre en place.
Parce que la PNL a été modélisée sur le travail de **Milton Erickson.**
Quand je vous disais que c'était un génie.

Donc quand est-ce que ça commence l'hypnose ? Et bien là, vous y êtes peut-être déjà ?

« Comment ça ? Je ne vois pas de différence. »

Certes et pourtant depuis tout à l'heure, **je ne réponds pas à la question initiale**, de plus je vous mets une petite histoire sur la PNL et un rappel sur un personnage dont nous avons évoqué le nom.

Ce qui fait que :

- Vous êtes **en attente** de la réponse
- Vous suivez ce que je dis et vous tentez de trouver des liens
- Ce qui entraîne **un focus en interne**
- On fait un **rappel** du passé, des connaissances, ce qui doit être analysé
- Et puis **une liste** comme ça vous fait saturer, parce qu'il faut penser à :
- La question de base ? C'était quoi ? C'est venu après quoi ?
- La PNL, en quoi c'est le début ?
- Milton, il a fait quoi déjà ?

Conclusion **votre facteur critique sature**, vos recherches intérieures tendent à trouver des réponses cohérentes sachant que vous êtes, soit en apprentissage, soit en mode critique de l'ouvrage et par voie de conséquences en train de trouver tous les arguments pour casser ceux que j'écris.

Ce qui compte c'est que ….

VOUS SOYEZ BIEN...

Pensez juste à cela : ETRE BIEN...

Respirez un peu avant de continuer …

Ceci est **une suggestion**, une suggestion après **une saturation** à toujours plus de sens et d'impact que sans cette mise en Transe ou mise en Alpha...

Nous reviendrons sur l'état Alpha dans quelques instants (*Technique : attente*)

Pour répondre simplement : on peut commencer à travailler une mise en transe volontaire (à différencier avec les mises en transe naturelles), **dès le contact**... physique, verbal ou écrit.

Un outil excellent reste **la question**, avez-vous déjà remarqué (*Technique : le 'déjà remarqué' sous entend que vous acceptez le concept que je vous expose après.*) comment les questions vous font de plus en plus chercher à l'intérieur de vous ?

Qu'est-ce que vous ressentez à ces moments là ?

Aimez-vous cette recherche de sensation ?

Cela nous donne une des choses capitales après notre pretalk : **l'anamnèse**.

Mais avant de traiter ce sujet je dois vous parler d'alpha (*Technique : attente*)

Mise en Rapport + Questions + Saturation = Une façon naturelle de commencer une transe

Chapitre 8 : L'Alpha ? C'est quoi ça, une onde radio ?

Je me forme beaucoup, disons que j'investis sur les compétences et les capacités d'un ami : **mon cerveau** (*Technique : Suggestion*)

Cela nous emmène à la découverte de différents mondes et des différents chemins.

C'est ainsi que j'ai eu la chance de rencontrer *Lee Pascoe et Michael Dodson* au travers d'un système étonnant nommé **METHODE SILVA.**

Le plus drôle c'est que la première fois que Irn m'en a parlé, j'étais dubitatif, j'avais l'impression sur ses débriefs quotidiens que Monsieur José Silva avait tout inventé.

Un travail sur les **états modifiés de conscience** et son exploitation au paroxysme dans des tas de domaines pour améliorer le quotidien des apprenants.

Un système qui programme en hypnose, et permet d'expérimenter les capacités extraordinaires du **subconscient** tout en intégrant l'idée d'un bien être personnel pour un bien être global.

Le génie de José Silva est de n'avoir JAMAIS parlé directement d'Hypnose mais plutôt d'état Alpha.

En partant du postulat suivant :

Il y a différentes fréquences cérébrales :

Moins de 4 Hz : Delta
De 4-7 Hz : Thêta
De 7-14 Hz : Alpha
de 14-21 Hz : Bêta

En Delta : Sommeil Profond
En Thêta : Transe profonde
En Alpha : État Modifié et ouvert du Subconscient
En Bêta : État de veille

Ce qui fait que dans l'Association nous utilisons beaucoup la notion de « **mise en Alpha** ». (*Technique : Cause à Effet*)

Un autre de mes professeurs, Jerry Kein, élève de Dave Elman, n'est pas du tout d'accord avec cela.

Aujourd'hui laissons les grands hommes du subconscient sur leurs dissensions et **avançons**... (*Technique : suggestion en plus en caractère gras*)

Pour l'instant, pour mes conclusions :

État Alpha = État de Transe.

Maintenant retournons à l'Anamnèse.

Chapitre 9 : Anamnèse un mot compliqué pour une logique simple

Quand nous abordons les séances, nous nous rendons compte qu'une question est récurrente :

COMMENT VAIS-JE M'EN SORTIR ???

Ne mentons pas, chaque cas est **unique** et tant que nous n'avons pas pu voir un angle d'attaque ou d'harmonisation de la problématique, **nous recherchons**.

Évidement dans des **Romans Explicatifs**, ceux dans lesquels vous ne savez plus si vous êtes éveillés, en train de rêver ou même si c'est un livre d'apprentissage, les thérapeutes sont tous **exceptionnels**.

Ils ont hypnotisé des milliers de personnes, bonne nouvelle, vous faites peut être partie du nombre sans même le savoir au travers de leurs livres.

Je me demande si ça rentre dans les statistiques parce que l'auteur de Harry Potter doit en ce cas, être une des meilleures Hypno-thérapeutes de ces dix dernières années (*technique : métaphore imbriquée avec une suggestion ouverte.*).

Ils ont sauvé d'une mort CERTAINE, un patient grâce à leurs connaissances.

Ne vous en faites pas, **ils sont comme vous et moi**, ils ont déjà eu **peur** et parfois je suis certain qu'avec leurs milliers de séances dans les pattes, ils n'ont pas toujours été aussi brillants que cela.

Alors comment faire ?
J'explique aux apprenants que c'est **une enquête** que nous mettons en place avec notre client/patient.

Une fois que vous avez passé les formalités d'usage et le pretalk, c'est là où vous entrez dans le **cœur de la séance**.

A partir de là, vous réapprenez à **ECOUTER**.

Fermez-la... en d'autres termes !

Imaginez que son mal est un **bandit de l'âme** *(Technique : Métaphore)* que vous devez cerner ou, en tout cas, obtenir le plus d'éléments d'informations possibles, pour que vous puissiez l'empêcher de nuire d'avantage.

Autre point important mettez de côté vos **présuppositions**.
Votre client/patient n'est pas là pour écouter vos opinions ou pour que vous supposiez des choses, il n'est pas là non plus pour des conseils, il est là pour **mettre en place une dynamique pour le sortir de son mal.**

Pour faire parler un client/patient, quel outil semble le plus adapté ? *(Technique : Focus Interne).*

La question.

Je ne me rendais pas compte de l'importance de cet outil jusqu'à un séminaire. *(Technique d'ouverture d'une métaphore imbriquée)*

C'est un professeur du côté de Nantes qui à mis en avant cet aspect extraordinaire.
Il nous a enseigné à prendre en considération toutes les questions.
Même celles que beaucoup ne disent qu'à demi voix.
Il nous montrait que sur une réflexion anodine, nous débouchions toujours sur des choses intéressantes. *(Fermeture de la métaphore)*

Ce qui fait que le QQOQCP est la base de votre boîte à succès.

Qui
Quoi
Ou
Quand
Comment
Pourquoi

Pour le **pourquoi**, je ne trouve pas cette question instructive.
Le pourquoi entraîne la JUSTIFICATION, donc un jugement négatif sur le comportement *(Technique : cause à effet : point 1 DONC point 2)*.

Nous pouvons le remplacer par un POUR QUOI.

Le pourquoi est très utilisé dans la recherche d'un comportement et beaucoup ont une croyance que je ne partage pas du tout, que si l'on sait pourquoi on ira mieux.

Hors si vous savez pourquoi votre pneu est crevé ça ne vous réparera pas votre pneu.

Qu'importe l'objet du sinistre : Verre, métal ou autres.
Le fait est que c'est crevé et qu'il faut faire quelque chose.
Le **comment** est le moyen de faire.

Pour tout le monde, les apprenants, les curieux ou les autres, testez vous pendant une semaine.

Commencez à aller vers les gens et à poser des questions. Que ce soit votre boulangère, votre caissière.
Vous observez qu'une simple question dans n'importe quelle situation, **transforme les êtres.**

Nous sommes tous semblables et nous aimons tous **parler de nous**.

Si ce n'est pas de nous directement, c'est de ce que nous pensons, c'est ce que nous avons ou faisons.

Trouvez les leviers qui vous permettent de **rentrer en contact**, en rapport plus profond (comme les transes) avec les personnes que vous croiserez.

Vous vivrez même des choses surprenantes comme le fameux : « t'es de la police ou quoi ? »

En général, ce type de réaction est dû au fait que vous mettez le doigt sur un point important.

S'il y a une **émotion**, c'est que vous entrez dans la **Voie/Voix du subconscient.**

Les questions pendant **une anamnèse,** donc dans le cadre curatif, qui entraînent un « je ne sais pas », « je n'y ai jamais pensé » sont des preuves que vous **dépassez le facteur critique** de votre partenaire.

Il doit aller chercher l'information ailleurs, **dans ses émotions et son subconscient.**

C'est que le client/patient arrête de vous « balader » avec ses **réponses préparées.**

Vous savez, les réponses qu'ils ont déjà données à tous leurs amis et tous les thérapeutes qu'ils ont déjà consultés.

Est-ce clair pour vous ?

Les questions **ouvrent celui qui répond à lui-même** et plus vous l'interrogez sur des éléments qui le connectent à ses émotions, plus vous obtenez des réponses de son subconscient, parfois diamétralement opposées à ce qu'il expliquait en début de séance.

Questions + Rapport + Émotions = Anamnèse

Chapitre 10 : Le Facteur Critique

Plus j'évolue et plus le facteur critique me fascine.

Dans ma signature mail, j'ai donné une définition de l'hypnose comme suit : **« Je pouvais mais je n'avais pas envie ».**

Vous noterez que les premières fois que vous ferez de l'hypnose à des personnes en résistance, elles vous diront :

« Bien sur que je garde mon bras en l'air, je fais ce que tu dis ! Je veux vivre cette expérience !»

C'est certain que là, pour expliquer que la catalepsie de bras est en place, ça va être compliqué.

La raison est simple, notre ami **le facteur critique** est là pour nous dire, « je sais ce qui se passe, et c'est **moi qui gère**, je suis le seul maître à bord » oubliant son copilote ou inversement oubliant qu'il est le **copilote du Subconscient.**

L'intérêt est de voir qu'une fois que nous avons contourné le facteur critique, si nous ne l'**orientons** pas, il va « **re-conscientiser** » les choses et **ré-associer** le corps et l'esprit.

Au commencement de nos sorties en Street Hypnosis, je prenais le temps d'expliquer ce qui se passait aux mégas sceptiques de leurs états.

Je pense que c'était lié à **un manque de confiance en mes compétences**. Vous savez, on veut toujours donner des tas d'explications comme pour **se rassurer** de son succès.

Et vous savez pourquoi ? (*Question que nous ne devrions pas poser*)

Et bien parce que personne ne m'a donné une explication satisfaisante sur ce qu'est une transe.

Vous me direz, « comment ça ? Tu ne l'as pas vécue ? Tu n'as pas mis des gens en transe pendant tes formations ? »

Bien sur que oui, seulement, on m'a donné des outils sans me donner le **processus de fonctionnement qui mène à cela.**

Nous en avons déjà parlé, mais avez-vous bien compris que **le facteur critique et logique sera toujours là pour vous titiller.**

Et prenez-le bien, **c'est une excellente chose.**

Voilà ce que j'ai compris.

Notre conscient est plein de capacités et peut avoir digéré de manière très positive le travail du Subconscient.

En étudiant Le Grand Jerry Kein, l'héritier de Monsieur Dave Elman, j'ai compris la notion de facteur critique que les écoles Ericksoniennes ne m'avaient pas enseignée.

Pour travailler avec l'inconscient il fallait **CONTOURNER le facteur critique.** Barrière qui bloque et analyse les suggestions, les informations.

En étudiant un autre grand Hypnotist Américain, Monsieur John Kappas, j'ai compris que c'était plus qu'une barrière mais **un vrai filtre.**

Aujourd'hui, je le vois comme étant une forme de **sas de sécurité** qui nous permet de collecter toutes les informations de la journée.

Pour les habitués des ordinateurs (*Technique : métaphore*), une forme de mémoire tampon qui garde et traite les informations tout au long de la journée et qui les trie afin de voir ce que l'**on intègre** dans le subconscient.

Et vous savez quoi ? C'est **la nuit** que cette partie là est nettoyée comme lorsque vous éteignez votre poste de travail.

Vous savez *(Technique : imposer la connaissance d'un sujet et comme nous n'aimons pas ne pas savoir, nous acceptons plus facilement l'information derrière.)* dans les sectes, dans le monde plus militaire et même dans certains arts martiaux, on fait en sorte que vous ne dormiez pas pour que vous ne puissiez **plus être critique** de ce qui est en train de se passer.

Vous faites **saturer le sas** qui s'effondre et donc on touche **directement le subconscient.**

N'y voyez pas que du négatif.
Dans le Zen, on utilise des choses comme cela et dans des types de retraites spirituelles également pour que vous atteigniez l'éveil. Vous savez, cette connexion à vous dans la lumière de la simplicité...
En gros, un **rapport direct avec votre subconscient.**

Donc :

Facteur Critique = une forteresse vide + Une capacité de stockage + une Capacité de tri.

Simple n'est-ce pas ?

Chapitre 11 : La Transe

Le plus intriguant en Hypnose c'est qu'il semble difficile de trouver une définition de la transe.

En général, on se débrouille pour mettre des exemples de ce que c'est et paradoxalement peu de mots.

Je vais m'y essayer, l'hypnose c'est :

L'état psycho-physique dans lequel on se retrouve quand on entre dans une phase en Alpha.

Comme vous avez parfaitement suivi ce qu'est l'**état Alpha** (*Technique : focus interne*) vous allez comprendre aisément (*Technique : Cause à effet)*

Voire : l'état dans lequel nous sommes quand **le facteur critique s'est dissout,** ou, a pris un temps de retard qui permet une connexion entre le Conscient et le Subconscient.

Maintenant c'est bien de l'avoir mis en mots cependant qu'est-ce que cela cache.
Et c'est bien là un mystère que **j'ai eu du mal à comprendre.**

Vous allez vous demander pourquoi ? (maudit mot interdit!! *Technique : Seeding*)

Parce que quand on vous l'enseigne en école on vous dit :

« Vous remarquerez des changements physiologiques, un teint qui « parfois » sera plus pâle, une respiration qui « parfois » sera plus profonde, une déglutition qui « parfois » se fera plus lente... »

Bien, comme indication, ça revient à dire,
« Tu trouveras le trésor qui est devant toi en regardant bien sa transparence et qui, peut être, est très voyant, sans être visible (*Technique : Confusion*) »

On galère purement et simplement. Vous direz que ça ne doit pas être compliqué et je vous assure que non, seulement il y un élément majeur qui se nomme **le DOUTE**.

Et comme, en plus, on aime les labyrinthes dans la découverte, les enseignants ont un don pour construire une sorte de non connaissance de l'état, en vous faisant de l'Auto-hypnose pour certains, ou une entrée dans une transe légère pour d'autres... ce qui donne une question ultime et angoissante :

MAIS J'ETAIS VRAIMENT EN TRANSE, LA ??

Devinez qui pose cette merveilleuse question ?

Votre **Facteur Critique** qui est là pour donner une **logique rationnelle**, qui a tout enregistré et qui **ne se fait pas mener par le bout du nez** par le premier gredin hypnotique venu !!! Non, mais !

Donc l'équation du moment :

Je ne sais pas reconnaître un état de transe + Je ne sais pas si j'ai été vraiment en Transe = C'est quoi une TRANSE ?

Si nous reprenons ce que je disais plus tôt (*Technique : Focus Interne*), c'est un état que nous connaissons, nous avons mis des milliers de personnes en transe et nous avons été des millions de fois, nous-mêmes, en transe. (*Technique : Seeding*)

C'est un peu comme vous demander aujourd'hui comment vous faites pour marcher… difficile à expliquer.
Si vous donnez la théorie au petit loup qui se redresse, lui, pour les premières fois, il ne comprendra rien.

Vous entrez un peu plus dans mon monde (*Technique : Suggestion*)

Vous imaginez le truc quand on se dit :
« Oh là !! Il est parti en hypnose ou pas? Il a les yeux ouverts...
et il me parle … Oh là !! J'ai fait une mauvaise manipulation ? »

Parce que, vous savez quoi, il y a un Syndrome chez tous les
hypnotiseurs du Monde.

On le nomme **le Syndrome Kaa** (Vous savez le serpent du livre
de la Jungle) (*Technique : métaphore*)

C'est comme ancré dans la mythologie de l'hypnose, les sujets
doivent tomber comme **des chiffons mouillés**, ils doivent avoir,
avec **une voix monocorde,** comme de retour du royaume
d'Hadès, les **yeux fermés ou révulsés** (au pire et surtout ne
pensez pas à la petite de l'exorciste, moi je suis plus dessins
animés).

Pendant nos premières séances on ne comprend pas que le sujet,
bouge, se gratte, éternue, parle !!! Que diable !!! **Tu dois être
une marionnette !!**

C'est là que le **DOUTE** (*Technique : Seeding*) revient, j'ai
entendu du monde dire à ces moments là :
« Et m.., tout à foiré ».
Ces petits mots peuvent faire beaucoup de mal à la séance surtout
sur du post hypnotique, on verra cela plus tard (*Technique :
Attente*).

La transe peut être des plus naturelles, parfois même le
client/patient ne s'en rend même pas compte, et à juste
l'impression d'être **un peu ici et ailleurs** tout en étant les yeux
ouverts en pleine conversation.

Je reprends la notion de la vision périphérique qui est très utilisée
pour entraîner une transe.
Comment fait-on ?

Simple :
Fixez un point.
Respirez profondément.
A mesure que vous êtes sur le point vous augmentez le champ de vision.
Comme une dé-focalisation pour voir tout ce qui se passe même derrière vous.

Ne me faites pas croire que vous n'avez pas déjà naturellement essayé quand vous étiez gosses (ou en sortant de Xmen) de développer la capacité de tout voir tout le temps... et bien, c'est une **technique de mise en transe**.

Vous l'utilisez tout naturellement régulièrement.

Vous êtes avec votre conjoint ou votre conjointe et une créature de rêve passe à proximité (la créature peut être masculine aussi !).

Vous regardez votre partenaire et pourtant vos yeux ont trouvé un moyen incroyable de visualiser ... la créature de rêve.

Vous étiez dans un état modifié de conscience, d'ailleurs, c'est souvent à ce moment là qu'on entend « T'écoutes jamais ce que je te dis, t'es toujours ailleurs »...

L'hypnose de rue m'a permis de dissiper **le doute**, on n'a pas le choix, on démontre de l'hypnose à des personnes qui ne sont pas dans l'attente de cette situation, ce qui est très particulier.

Pour avoir une confirmation de l'état, on peut mettre le bras du partenaire en l'air dans un mode **cataleptique** (en somme, vous faites, pendant la transe, imaginer à la personne qu'un ballon d'hélium énorme sur le bout de son doigt élève son bras.).

Si la personne reste en l'air c'est bon elle est bien « barrée » dans sa transe (c'est un niveau 2 sur une échelle de 1 à 6 de la NGH).

Il est intéressant en retour de transe, de prendre le bras et de le lever quand vous parlez avec une personne qui vous explique qu'il n'est pas sous hypnose et qui reste 3 minutes le bras en l'air sans remarquer que son bras est ainsi placé. (*Technique : Métaphore imbriquée*)

Chaque être humain vit **des transes différentes**, il **ne faut pas se focaliser** sur des points précis, **soyez confiant** dans votre **INDUCTION,** elle a fonctionné.

Pensez à tester sa suggestibilité c'est-à-dire sa capacité à suivre vos suggestions pour avoir des confirmations.

Une bonne induction + accepter l'état de son partenaire + Suggestibilité = Transe

Chapitre 12 : L'Induction

S'il y a bien un aspect en Hypnose qui m'a fait fantasmer c'est clairement **l'induction**.

Qu'est-ce qu'une induction ? Pour faire simple, l'**outil** qui nous permet de contourner le facteur critique.

C'est une étape qui peut être dissociée ou complètement intégrée à notre méthode.

J'en ai rêvé, entraîner les sujets, n'importe qui, en quelques instants, dans le monde **merveilleux** de l'hypnose.

Je regardais les vidéos sur Youtube, en me disant que c'était juste extraordinaire.

J'aimais l'idée que les gens puissent « tomber » dans une hypnose comme ça, en un instant.

Certains de mes professeurs m'ont expliqué que **cela n'avait pas d'intérêt**.

Je n'aime pas ce genre de réponse.
Rien de plus frustrant qu'un professeur, au lieu de simplement dire non je ne sais pas ou je n'ai pas envie de te l'enseigner, nous balade dans des **explications confusionnantes**.

Les professeurs aiment aussi utiliser des techniques pour **éviter de répondre à nos interrogations**.

D'autres m'ont expliqué que ces inductions rapides n'étaient pas enseignées dans leurs écoles parce qu'elles ne sont **pas utiles** dans le cadre d'un soin curatif. Allez dire cela à Jerry Kein.

J'étais donc comme un gosse en train de me payer tous les ebooks et vidéos possibles sur le sujet.

Les Français ne l'enseignent pas, par contre les Américains n'hésitent pas.

La première fois que j'ai eu une explication claire, ce fut dans des cours vidéos que j'ai acheté à un Hypnotist Indien.

Tout content, j'appelle un ami et je teste sur lui.

Malheureusement pour moi, **je n'y suis pas arrivé.**
Il devait **me manquer quelque chose.**
Je me suis mis à étudier de nouveau les vidéos, sans succès.

En le répétant plusieurs fois sur un autre ami ce fut une réussite.
Après analyse, ce n'était pas ma technique qui avait fonctionné mais plutôt une conséquence de ce que l'on nomme le **FRACTIONNEMENT.** (*Technique : Fractionnement*)

Un principe d'entrée et sortie de l'état hypnotique, ce qui approfondi petit à petit l'effet de la transe. Je reviendrais dessus plus tard (*Technique : Attente*)

Le temps passe, je suis un peu moins obsédé sur le sujet, puis en regardant des vidéos, ça me reprend et je recommence ma fixette, j'avoue que je suis têtu voire psychorigide.

Django, un de mes supers potes de l'hypnose, m'a délivré du sortilège.
Il avait trouvé un professeur en France enseignant **les Instants et les Rapides.**

Quelle délivrance ! Ni une ni deux, je m'y inscris avec Irn et le professeur nous a transmis sa passion.

Ma conclusion fut la suivante : **Tout ça pour ça.**

Et une constatation moins agréable, mes autres professeurs pour la plupart d'entre eux, sur le sujet des Instants, **ne maîtrisaient simplement pas**.

Qu'est-ce donc qu'une **induction rapide ou instantanée** ?

Le principe est terriblement simple et **vous l'avez fait des millions de fois** depuis que vous êtes nés (*Technique : Seeding*)

Vous créez un schéma psychique d'un partenaire, par exemple les mouvements de secouer la main quand on donne une poignée de main.
Au bout de trois mouvements similaires, le cerveau estime que c'est **une habitude.**

Une habitude fait que le facteur critique ne fait plus son travail, il n'analyse plus.
A ce moment là on **rompt le schéma,** « habitude », d'un coup.

Ce qui a pour conséquence de laisser au cerveau un vide très court pendant lequel il cherche une solution.

Imaginez ce dialogue :

Cerveau : Ok on entre en contact avec mon ami je tends la main.
Corps : Main tendue, secousses de la main en cours
Cerveau : Nickel, action en cours, connaissance de l'acte
Corps : Parfait
Cerveau : Parfait

Puis vient par **l'interruption du schéma** avec un choc par exemple en tirant le bras.

Cerveau : Warning ! Alerte ! Qu'est-ce qui se passe ???
Corps : Votre correspondant est occupé, veuillez le rappeler ultérieurement.
Cerveau : Damned !! Qu'est-ce que je fais ?

Voix extérieure : Dors !!
Cerveau : ok... réponse trouvée...
Corps : État similaire à dormir mis en route.

Vous faites entrer votre partenaire dans un début de transe.

Il faut voir cela dans le terme d'une seconde.
Vous créez un choc du bras et donnez l'ordre au même moment.
Ce qui fait que la question du **cerveau a déjà une réponse**.

Saviez-vous qu'un cerveau est très fainéant, au lieu d'aller chercher dans le facteur critique pour tout analyser (ce qu'il faisait déjà) il va **prendre l'information la plus rapide** qui va lui parvenir, pour analyser et gérer la situation.

Est-ce que c'est clair ?

On construit un Schéma ou Pattern, en faisant, par exemple, trois fois le même mouvement ou en faisant une même pression pendant quelques secondes.
Puis on interrompt ce schéma et on propose directement la réponse pour le cerveau.

Cette rupture de pattern est très souvent utilisée avec un **contact physique** donc assez facilement en rue ou en scène. (*Technique : Cause à Effet*)

Après il y a des tas d'inductions **plus psychiques**, nous y reviendrons après.

L'induction nous semble au premier abord un monde **complexe** alors que **ça ne l'est pas**.

Vous avez bien compris dans le chapitre précédent que **ne sachant pas reconnaître une transe**, on se dit : « Oh là ! C'est super compliqué une induction !»

Et bien non (*Technique : Seeding*).
Une **induction** à la limite même, techniquement **on peut s'en passer** complètement pour faire de l'hypnose (*Technique : Rupture de Pattern*).

« Quoi ? Une hypnose sans induction !!! N'importe quoi, c'est vraiment n'importe quoi !! »

Reprenons nos outils :

On peut **saturer** les gens d'informations : Notre cerveau peut difficilement gérer plus de 7 choses à la fois.

On peut faire **focusser** une personne en interne : Retrouver une émotion ouvre le chemin vers le subconscient.

On peut **construire un schéma** : Et le rompre pour créer de la confusion et de la recherche de réponse.

On peut créer une forme d'**attente**... et par conséquent refaire un focus interne.

N'allons pas plus loin, nous sommes dans **des bases** et je pense que les bases d'une discipline renferment toute la discipline en elles.

Pour faire entrer une personne en transe il suffit de **contourner le facteur critique**, nous sommes d'accord ? (*Technique : cette forme de phrase « nous sommes d'accord » est une commande insérée, je ne vous pose pas une question : je l'affirme, à haute voix, vous changerez juste la tonalité de fin pour faire croire que vous êtes interrogatif*)

Imaginez-vous (*Technique : l'imagination est un moyen de vous faire un focus en interne*) en train de passer du temps avec des amis : vous revoyez une personne partie pendant quelques mois à l'étranger.
Vous l'interrogez, lui posez des questions précises sur les lieux, les émotions que cela lui a suscité, ses réactions, vous verrez rapidement son regard va se bloquer.

Comme s'il n'était plus là. Par le simple fait de lui poser des questions, vous l'avez fait déconnecter de la soirée entre potes.
A ce moment là, il est en transe.

Vous ne lui avez pas techniquement **Induit** la transe ? Juste vous l'avez questionné et fait focusser sur lui.

On nous **a fait croire** dans des tas de livres que c'était difficile. Vous savez cette jolie culture judéo-chrétienne de la souffrance.

Il est impératif de souffrir pour apprendre, impératif de souffrir dans l'étude et dans la pratique. Après toute cette souffrance, tu auras le droit au saint Graal... Mettre une personne dans une transe... *(Technique : Travail sur les Valeurs)*

Et bien excusez-moi du propos...**Mais c'est une grosse connerie** !!

Les inductions, qu'elles soient longues ou rapides, sont des outils complémentaires pour mettre nos partenaires en transe.

C'est important de les connaître, ça fait **partie de l'arsenal de notre discipline**. Mais *(Technique : le ' mais' à un don d'effacer ce qui est dit avant... exemple le oui ... mais est équivalent au Non)*, **ne bloquez pas dessus.**

Passez plus de temps à **comprendre quand une personne est en transe** que de savoir faire des inductions.

En donnant nos premiers workshops (ateliers de formation) en hypnose, avec Irn nous nous sommes dit : « **Nous devons leur montrer que c'est très simple** ».

(Technique : Début de métaphore imbriquée) C'est un point crucial à nos yeux.

Lors de nos propres apprentissages, dans des salles de 60 apprenants, les instructeurs nous « seedaient » continuellement que c'est « compliqué, qu'il faut être très précis, sinon ça ne fonctionne pas ! »

En conclusion, à la sortie de formation très peu d'apprenants **se sentaient capable** de PRATIQUER parce qu'ils avaient l'impression de ne pas savoir BIEN faire.

Ils ont tellement dit (suggestionné ?? en état hypnotique ?? non ce n'est pas le genre des écoles !? oubliez ce que je viens de suggérer.. hoops!) qu'il fallait pratiquer mot pour mot, que les GRANDS experts actuels ont eux mêmes eu beaucoup de mal à faire ces techniques, que personne n'ose commencer... (*Technique : Fin de la métaphore imbriquée*)

Donc, en workshop, on travaille beaucoup sur le **pretalk** puis on fait faire des tas d'**anamnèses** pour appréhender **l'art de la question**.

On reste une journée dessus... (Vous me direz que c'est long... oui par contre ils savent écouter et interroger.).

Le temps que les apprenants passent à poser des questions et à voir les réactions de leurs partenaires, ils assimilent facilement les phases de transe.
Ils découvrent mille facettes de l'**état hypnotique**.

Au moment de passer à l'atelier '**inductions**' qui se divise en trois types : les relaxantes (longues), les Classiques (rapides) et les Instants, il ne leur faut que **5 minutes pour les assimiler.**

Nous avons eu un discours incroyable d'une de nos apprenantes lors de leur premier cabinet ouvert :

« Bon **c'est facile l'anamnèse et l'induction** par contre le corps de séance je ne l'ai pas encore bien compris ».

Avec Irn nous sommes restés bloqués en nous disant que des apprenants qui ont 6 jours de formation sont capables de dire qu'**induire une transe c'est une formalité**.
Leur problème étant sur un sujet a traité... plus tard.

Cela m'a confirmé que l'**on peut enseigner à n'importe qui comment induire une transe en moins de 5 minutes**.

Des semaines de formations, des centaines de vidéos et des milliers d'euros pour arriver à cette conclusion.

Induire c'est simple (*Technique : Seeding*) et vous savez déjà le faire simplement on ne vous a jamais mis le nom dessus.

Tout comme la transe, vous l'avez fait vivre des tas de fois, comme vous-même, vous l'avez vécu sans savoir que dans une discipline que l'on nomme hypnose ça portait ce nom.

Saturation + Focus Interne + Rupture de Pattern + Questions
= Différentes Inductions

Chapitre 13 : Les Profondeurs

S'il y a bien une chose qui n'est pas prévisible, de mon point de vue, c'est la notion d'approfondissement.

Avant tout parlons des profondeurs de Transes.
Je ne vais pas vous inventer une nouvelle classification Pankienne des niveaux de profondeur, cela n'a aucun intérêt et il en existe des tas, je vais vous reprendre celle de l'école Elmanienne (*Technique : Substitution. Dave Elman est un praticien reconnu mondialement donc il donne figure d'autorité à ce que je dis*).

Les « profondeurs » sont les niveaux auxquels vous mettez votre client/patient.

Il y a des **niveaux légers** comme ceux que l'on utilise en Conversationnel ou en PNL.

Vous comprenez rapidement que si vous êtes en négociation avec un partenaire, il serait préférable que ce dernier ne « tombe » pas les yeux fermés, tel un chewing gum.
Ça limiterait quand même beaucoup les échanges et il n'est pas dit que la signature se fasse.

Des niveaux moyens, où le partenaire entre dans une forme de grande détente, on les utilise souvent en début de séance.
C'est une étape intermédiaire, une phase qui peut être exploitée surtout avec les personnes en résistance.

(*Technique : Métaphore imbriquée*) Ah oui ! Les **résistants**, les personnes qui veulent vivre l'Hypnose **tout en analysant** (par ces mots vous captez qu'ils développent à fond leur esprit critique).

Ils veulent quand même **contrôler** (« Et oui, on ne va pas laisser n'importe qui me faire des trucs avec ma tête. »).

Savez-vous qui sont les plus en résistance ?
Les hommes... et oui notre côté très dominant dira-t-on.

Je l'ai souvent remarqué dans la rue ou quand les personnes entrent dans mon cabinet.

C'est comme si le « Mâle » devait montrer son statut (merci le cerveau reptilien).

Soyons sincère c'est lourd.

J'en connais certains qui vont même jusqu'à dire qu'ils ne peuvent être hypnotisé, parce qu'ils connaissent, qu'ils maîtrisent. C'est juste leur testostérone qui les empêche simplement de **prendre plaisir** à une séance.

Ces derniers, donc, vont rarement entrer en phase profonde comme lors des spectacles.
Ils resteront en général dans ce **niveau moyen**.

Notez une chose importante la profondeur de transe n'influence pas le **niveau d'impact des suggestions.**

Mettez-vous tout de suite en tête (*Technique : Suggestion*) que ce n'est pas mieux ou moins bien qu'autre chose.
Nous sommes différents et nous avons le **DROIT** de vivre notre état comme il nous est **le plus confortable.**

Ne manquez jamais de **CONFIANCE** en vous ou en vos outils, cela vous évitera les argumentations sans fin.

J'ai été le premier à être comme cela.
Une fois (*Technique : métaphore imbriquée*), j'avais proposé sur un site de réseaux sociaux de faire une petite rencontre d'hypnose, avec la **Team Hype-N-Ose.**

Nous sommes allés dans un café sur Paris et nous sommes tombés sur quatre personnes adorables et **sceptiques**.

C'est un paramètre particulier à prendre en compte.
Nous le retrouvons souvent en hypnose de scène ou de rue.

Les sujets souhaitent une découverte intellectuelle donc, **stimulant le facteur critique.**

Si leurs intellects acceptent, ils sont prêts à tester.

En gros ils ont la volonté de **valider des informations** en zone de rétention (facteur critique).

Après la petite présentation (en somme **un pretalk**) que nous avons faite, tout le monde souhaitait expérimenter.
Un d'entre eux avait d'**énormes attentes** sur cette expérience.

Notez que **plus les gens ont des attentes** et se font des films, **plus ils risquent d'être déçus**.

Pour quelles raisons me demanderiez-vous ?

Parce que simplement, comme je vous le disais précédemment, ce sont des états que **vous avez déjà vécus**, à plus ou moins forte échelle.

L'induction va simplement les **réactiver** et pas forcément dans le sens que vous souhaitez.

Enfin, je le mets en transe et dès le départ je vois une énorme résistance (amusant me direz vous pour une personne qui voulait absolument vivre des choses incroyables.).

Après une induction il était bien « barré » (en état de transe) et répondait aux tests de confirmation de l'état.

En discutant avec lui, il nous explique qu'il pouvait sortir ou ne pas répondre aux suggestions que je lui proposais.

Je me suis évertué à lui expliquer que de toute façon c'était le cas.

La force de l'hypnose est justement de **POUVOIR** faire et tout simplement ne pas **AVOIR ENVIE.**

Lui s'attendait à être complètement écroulé, à ne plus rien contrôler, etc. (Style KAA)

Quand je lui ai parlé des profondeurs, il est resté sur l'idée que ce n'était pas ce qu'il attendait.

Ne vous embêtez pas, si **vos tests confirment** la transe, gardez-le pour vous.
En cabinet vous savez que vous pouvez **travailler avec succès.**

Pour vous donnez une autre idée sur ce que l'hypnose peut être quand on la vit.
Je vais vous donner **mes impressions** quand un de mes profs m'enseignait une 'instant Induction'.

J'ai eu la chance d'avoir un excellent cours avec Irn comme co-Apprenante.

Notre instructeur mettait en pratique ses paroles en les démontrant sur nous.

Avant une de ses démonstrations nous avions eu une pause pendant laquelle nous avions parlé d'hypnose de scène et de numéros que je n'aime pas du tout.

Mon prof commence sa démonstration avec une 'instant' et je vois ma transe en **Niveau Moyen.**

Il fait des vérifications en **Catalepsie** (qui est un moyen pour savoir où se trouve notre partenaire) puis il continue sa démonstration.

D'un coup mon **facteur critique revient à la charge.**

Vous savez comme si vous êtes réveillé au milieu de la nuit avec une idée qui ne vous met pas super à l'aise.

Là c'était pareil avec mon Facteur Critique qui disait :
« Il va te faire un des trucs de la scène que tu n'aimes pas... »

Lui continuait simplement des approfondissements et des lévitations (ce qui n'avait aucunement de quoi me déranger).

Petit à petit mon Facteur Critique **rattrape le timing de l'opérateur** même s'il **reste un temps en retard** (*Technique : métaphore* Imaginez-vous sur un circuit auto et que vous rattrapez le leader mais qu'il reste toujours devant).

A ce moment là, je sens mon corps qui commence à transpirer et mon Facteur Critique qui dit :

« Je lui laisse quelques instants pour me ramener en état conscient »

Vous vous rappelez, votre conscient analyse, là il s'exprime ainsi
« Attends t'es en démonstration ça ne se fait pas pour ton professeur », peu de temps après il me ramène.

Les premières réflexions que je me suis faites étaient :
« N'importe quand j'aurais pu arrêter (Facteur Critique + Conscient) mais j'ai quand même suivi PARCE QUE (**Justification explicative de mon CONSCIENT RATIONNEL**) je voulais voir ce que ça donnait.

Je m'étais ENGAGE à tester et à démontrer ET revenir pendant la démonstration aurait été IRRESPECTUEUX pour mon enseignant. ».

L'avoir vécu de l'intérieur avec cette analyse, en profondeur moyenne, me permet d'accepter et de comprendre les fameuses phrases que je citais précédemment (*Technique : Focus Interne*) : « Ok, mais tu sais que je faisais juste ce que tu me demandais, pour VOIR ce que c'est, MAIS j'étais totalement conscient, et je pouvais ne pas le faire si je voulais »

Ce sont les explications du CONSCIENT soutenu par le Facteur Critique, **pour ne pas se dire** : ON ME MANIPULE. En gros **une excuse** « réconfortante » pour ne pas avoir réagi.

Alors que le **SUBCONSCIENT reprend sa juste place.**

Donc, (*Technique : Cause à effet et fermeture de plusieurs métaphores*) les Profondeurs nous indiquent des possibilités vis à vis de notre partenaire.

Le niveau suivant est **la transe profonde.** Jusqu'à aujourd'hui, en transe profonde on « sent » les clients/patients vraiment loin et au niveau suggestion, ils y répondent vraiment vite.

Pour Jerry Kein, la profondeur intéressante est le **SOMNANBULISME**, l'étape suivante.

A ce niveau là, il estime que toutes les suggestions sont démultipliées et en quelques instants il peut anesthésier, faire des amnésies, des hypermnésies et autres. Il enseigne que c'est le niveau de base pour le travail thérapeutique.

Je ne suis pas tout à fait d'accord, les praticiens de conversationnel n'auraient pas les résultats qu'ils ont s'il fallait constamment faire descendre à ce niveau.

Pour ma part, suivant pour l'instant les courants comme celui de Jerry Kein, je tends à mettre en somnambulique, par contre ne prenez pas cette démarche comme LA démarche juste. Il m'est aussi souvent arrivé de jouer en PNL pour avoir des résultats très positifs.

Le niveau suivant est le **COMA Hypnotique**.
C'est un état dont j'ai eu peu d'échos dans nos ouvrages en langue Française.

Le mot 'coma' a été utilisé parce que le partenaire ne peut pas sortir de ce niveau là.

Et oui ! Vous avez déjà entendu que des gens restent « coincés » dans une Hypnose.
Et bien c'est VRAI.

« Ah !! Mais Pank, ce n'est pas possible, ne dit pas ça, ça va encore donner une image négative de l'Hypnose ! »

Non, je ne pense pas. Le coma est effectivement un état dans lequel **on se sent vraiment extrêmement bien.**

Comme si nous étions dans un lieu clos, en nous, dans lequel nous sommes dans un état extatique.

Vous avez déjà entendu (*Technique : Imposer une attitude*) parler des méditants, des moines ou qu'importe le nom, qui restent 12 ou 24 heures dans un état de sérénité, que rien ne peut les faire descendre de l'extase.

Et bien c'est l'équivalent du Coma Hypnotique. (*Technique : Métaphore*)

« Mais alors on ne ressort jamais ? »
Si, bien sur que si, s'il n'y a pas de Praticien, naturellement vous pouvez ressortir sous quelques heures ou maximum quelques jours, 2 ou 3 comme ces moines.

Un de mes professeurs, nous enseignait une chose qui **ne donne pas envie** d'être praticien... Il disait en substance :

« Si votre client/patient ne ressort pas de la transe... appelez les pompiers... c'est rien, mais il se réveillera à l'hôpital. »

Avouez que ça vous motive à prendre des clients/patients, n'est-ce-pas ?

Ne vous ai-je pas dit que les formations en Hypnose n'apportent pas que des bonnes suggestions... (*Technique : focus interne*).

N'ayez crainte, pour faire sortir de cet état on a trouvé aux USA comment faire, c'est d'une simplicité enfantine.
Donc **aucune chance que ça vous arrive** en séance avec les praticiens « modernes ».

Pour continuer sur mes retours d'expériences.
Un jour, je me suis dit que j'allais voir si, en Auto Hypnose, on peut aller en coma.
J'ai juste mis ce qu'on nomme **un FUSIBLE** pour éviter de passer trois jours sur mon lit.

Il s'avère que ça a très bien fonctionné, j'ai du passer 4 heures dans un état de bien être intense.

Comme les états en Alpha donnent des distorsions de temps, j'avais eu l'impression que ça n'avait duré qu'une dizaine de minutes.

En France, il y a une seule instructrice (extraordinaire et de surcroît Élève de Jerry Kein, (*Technique : Seeding*) qui enseigne le coma.

Lors de la formation nous avons vu et vécu des choses intéressantes.

Tout le monde ne va pas en coma Hypnotique, même avec la méthode, parce que le contexte, la confiance avec les apprenants jouent aussi énormément.

Vous me demanderez sûrement : « Pank, ça sert à quoi le Coma ? »

Dans ce niveau, nous sommes totalement **anesthésiés**, nous ne sentons plus les douleurs et les maux du corps.

Vous imaginez ce que cela pourrait permettre pour les personnes en fin de vie qui souffrent d'intenses douleurs ou pour les blessés graves ??

Par contre, c'est en circuit fermé, les mots et suggestions du praticien ne pénètrent pas dans le subconscient du partenaire en coma. Il entend mais vraiment **ne se sent pas concerné**.

Je me souviens d'une personne qui disait, « j'avais l'impression d'être à coté de mon corps et d'entendre mais sans attention ».

Quand on est en 'coma' on devient complètement rigide, on peut par exemple lever les jambes d'une personne assise sur une chaise et les laisser dans l'air sans que cela ne lui demande aucun effort.

Ce que disait cette personne au moment où on la testait dans cette position improbable :
« Ca ne marchera jamais, mon corps n'est pas assez solide pour ça, ohhh ! Ca marche... bizarre... mais je ne sens rien... »

Amusant n'est-ce-pas ?
Aujourd'hui, hormis pour les **grandes douleurs**, je n'ai pas trouvé d'autres utilités, ça viendra peut être avec le temps.

Sachez que cela existe et que ce n'est pas comme dans les films, vous pourrez revenir dans votre état « normal » après, surtout suivis par **des praticiens compétents.**

Et il existe un autre niveau.

Je vais m'atteler à l'étudier, par curiosité, parce que pour l'instant ils ne trouvent pas des masses d'utilités à cette profondeur... mais sait-on jamais.

Cela se nomme **'Ultra Depth'**.
C'est une marque déposée donc vous vous doutez que les Américains ont créé des équivalences... C'est une découverte récente des années 2000.

Aujourd'hui **je ne maîtrise pas le sujet** donc je ne vais pas faire une thèse dessus, recherchez sur l'internet.

L'Ultra Depth est un état plus profond que le coma dans lequel les distorsions de temps sont encore plus importantes.

Cette fois par contre le sujet est déconnecté de tout, impossible de faire quoique ce soit.

Ma professeur Australienne me disait que l'an passée (2011) à la **National Guild Of Hypnotists** (NGH), une praticienne a trouvé un moyen de communiquer avec une personne en Ultra Depth, en mettant tout le corps dans cet état, sauf sa main pour communiquer avec un SIGNALING.

A voir dans les années à venir. L'hypnose n'est pas une discipline statique, elle **évolue et évoluera** encore et encore.

Vous avez une des **nombreuses cartographies** des profondeurs.

Maintenant la NGH en propose d'autres, un grand thérapeute américain, John Kappas, en a aussi vu d'une manière différente.
Il y a comme partout des tendances, prenez ce que vous trouvez de plus pratique pour vous et **qui vous correspond le plus**.

Peut être que votre école à ses propres principes, le tout est de garder à l'esprit que se sont des **points de références** pour vous faciliter la perception des choses.

Une question que nous pourrions avoir pourrait être la suivante :
« Quel est l'intérêt des profondeurs ? Est-ce qu'il faut aller très profondément ? »

Cela dépend de ce que vous recherchez.
Est-ce dans le cadre d'une séance curative ?
Est-ce le plaisir de la rue ou de la scène ?
Est-ce juste en démonstration ? (*Technique : Questions*)

Pour le curatif j'ai vu d'excellents résultats, en 'profond', avec des amnésies de séance comme en 'léger' et simplement en 'dialogue'.

Une fois que vous aurez **pleinement confiance** (*Technique : Seeding*) dans la transe de votre partenaire, la profondeur importera peu.

Vous verrez même que souvent vous commencerez à traiter un problème en léger, les émotions et les souvenirs remontant **automatiquement,** votre client/patient entrera dans un **approfondissement en Somnambulique.**

Dans le cas d'une anesthésie il y a une nécessité de faire plonger votre partenaire en niveau Somnambulique.

Faites-vous confiance et suivez aussi le rythme de vos patients.
Certains, à la première séance, n'iront qu'en transe légère et aux suivantes, avec la confiance, leur état d'esprit ou je ne sais quoi, va faire en sorte qu'ils iront très loin sans même que vous ayez changé votre méthode.

Léger + Moyen +Profond + Somnambulique + Coma + Ultra Depth = Une échelle de Profondeur

Chapitre 14 : Les différents types d'apprentissage

Vous savez certainement que maintenant le monde des thérapies brèves et de l'hypnose nous propose un certain nombre de **formations différentes**.

Le monde dans lequel on vit à une chose extraordinaire, ni la distance, ni le temps ne posent problèmes, nous avons des formations en séminaire, en week-end, par correspondance, par e-learning.

Je vais vous donner mon point de vue à ce sujet.
Ayant eu la chance de faire un paquet de formations dans quasiment tous les modes existants aujourd'hui.

LES COURS PAR CORRESPONDANCE

Comme vous, certainement, je n'avais pas des masses de temps entre mon boulot officiel et ma mise en place d'un cabinet en parallèle.

Je me suis lancé dans l'Hypnose pour compléter mon apprentissage de la PNL, vous connaissez certainement cette technique de plein de manières différentes.

Je me disais, comme la PNL est basée sur **Hypnose, Gestalt et Thérapie Familiale** pour les grands axes, je vais devoir étudier chacun des aspects et me faire ma propre version de la PNL.

J'ai pris la décision de prendre des cours par correspondance avec un institut qui proposait de l'Hypnose Ericksonienne.

Ça me convenait, mon professeur de PNL m'ayant bien briefé sur Erickson.

Cette hypnose représentait **les origines** du système que j'affectionnais.

Après inscription, je reçois de gros documents, des cours vraiment bien construits ressemblant à des ouvrages scolaires.

Il y a régulièrement des devoirs à envoyer pour avoir la suite du cours.
Le concept est vraiment bon et permet d'évoluer à notre rythme en fonction de notre planning.

J'aime l'**accès aux cours en temps limité**. Ce qui empêche de traîner et motive à se mettre au travail.

J'ai aimé les retours sur les copies, les réponses qui nous sont données si nous avons des questions précises via mail ou téléphone.

Cette partie représente la **partie théorique de la formation.**

Je sais que de nombreuses personnes préfèrent **l'ambiance de classe**, avec un professeur qui donne toutes les théories en les notant au tableau, pour ma part des ouvrages me stimulent tout autant.

Cette façon de traiter la théorie risque d'être bloquante aux amateurs de cours oraux.
On y voit pourtant tous les aspects de l'hypnose : les transes, les inductions, le génie du fondateur, des phrases types et des scripts.

Pour obtenir le certificat (parce qu'aucun diplôme officiel n'existe en Hypnose), il y a nécessité de partir 10 jours faire une classe.

Les apprenants qui participaient à cette formation étaient tous des psychologues et autres analystes.

Ce qui est très bien pour avoir de **longs échanges** psychanalytiques sur les thérapies brèves.

Cette seconde partie de la formation est axée sur la **mise en pratique**, avec de brefs rappels des cours théoriques.

Pour cette session, l'organisateur avait accepté des personnes qui n'avaient pas encore terminé leurs cours et devoirs. Cela a ralenti certains exercices.

En fin de stage, nous sommes devant le professeur qui valide nos techniques.
En rentrant nous avons un petit mémoire à faire.

C'est **vraiment une formation complète**.
Par contre, il faut quand même **y consacrer beaucoup de temps** et prendre 10 jours de vacances pour ne faire qu'étudier.

J'ai testé pendant un certain temps tout ce que j'avais appris tout en continuant à regarder les ouvrages.
A chaque salon j'allais sur les stands avec une envie d'étudier encore d'avantage.

J'ai opté pour une école qui me semblait intéressante et complète. (La question est : est-ce que j'ai vraiment opté ou **m'a-t-on conditionné** à penser cela ? :)

LES COURS EN WEEK END

La première partie du cursus, dans cet institut, je l'ai faite en week-end.

Enfin week-end, en une demi-journée du Samedi et une journée du dimanche.

Ces cours ont lieu, une fois par mois.
Le principe pour l'organisation est plutôt bon, si **vous préparez bien votre planning** sur une année.

Première déception : **le nombre de participants.**
Il y avait **60 apprenants** au moins, ça m'a presque rebuté.

J'ai une vision de l'enseignement dans laquelle **on doit porter attention à ses apprenants.**

On se plaint des classes de 30 élèves à l'école, par contre pour des formations professionnelles on accepte le double.

Une journée et demie, le format me plaisait bien au départ.
Je pensais que ça me laissait un mois pour refaire les apprentissages, tester, conclure et éventuellement poser des questions.

Il y a un paramètre que l'on ne prévoit pas, si certains vont faire les « devoirs » et travailler ce qu'ils ont appris, **beaucoup ne font rien.**

Conclusion les professeurs répètent mots pour mots ce qui a été dit le mois passé.

On nous dit avec bienveillance que c'est une technique pour un meilleur apprentissage et **faire un seeding dans notre subconscient** mais rapidement on se rend compte que c'est juste pour faire **perdre du temps et pour suggérer des tas de doutes et de croyances limitantes.**

A la fin de la première partie de la formation, je suis **ressorti plus que frustré.**

Ayant payé presque l'ensemble de la formation, je me suis dis que je devais continuer (Et là, en relisant cette phrase, je me dis que c'est juste mon **esprit critique** qui trouve une raison « rationnelle » d'avoir continué. Ah !! État hypnotique quand tu nous tiens).

Cette idée de continuer pour apprendre des choses « incroyables » voilà un **seeding** récurrent en école, tout est toujours remis à plus tard.

Conclusion, **on achète** les formations suivantes. (J'ai beau le savoir ça m'arrive encore à des tas de formations que je continue à faire).

Ne vous inquiétez pas ce n'est **pas de la manipulation,** c'est de l'**hypnose conversationnelle,** puis vous êtes toujours « libre » de sortir de la formation.

Les week-ends n'aident pas forcément à **créer des liens** entre apprenants ce qui est dommageable.

Qui mieux que les apprenants peuvent venir travailler et étudier avec vous sans vous regarder avec des yeux ronds quand vous allez dire : « Tu veux tester de l'Hypnose ? »

Je choisis alors de continuer la formation en format semaines.

LES COURS EN SEMAINES

J'étais très en attente de la suite de la formation. *(Technique : Attente)*

J'arrive dans un nouveau contexte avec de nouveaux compagnons d'étude pour les semaines.
Un groupe qui se connaît déjà, ce qui a été intéressant à observer.

Nous étions moins mais *(Technique : 'Mais' annule ce qui est dit précédemment)* quand même une vingtaine.

Tout le monde ne peut pas facilement prendre une semaine pleine comme cela.

La semaine a un avantage exceptionnel : **Les Liens Humains.**

Nous découvrons vraiment des personnes incroyables.
Nous **prenons le temps,** nous vivons des moments intenses et comme nous sommes complètement en transe au bout de deux jours, nous sommes dans des **échanges fondamentalement puissants.**

D'autre part, **nous sommes à fond** dans le monde hypnose H24. Nous commencions le matin à 9 heures et nous nous quittions avec certains du groupe à 1 heure du matin.

Ce qui donne un **rapport humain** que l'on ne vit que rarement, ça me rappelait les colonies de vacances quand nous étions gamins.

Au niveau de l'apprentissage, **je n'ai pas été enchanté,** par contre, l'état étant tellement palpable, j'ai commencé à comprendre des attitudes et des mots mis en place par les formateurs **pour des raisons bien précises.**

L'intérêt dans l'observation des formateurs, qui eux aussi doivent vivre une semaine intense, même s'ils se relaient, c'est de **voir aussi plus clairement** ce qui était facilement « caché » en week-end.

Comme je vous le disais, **l'hypnose est un état et une méthode** utilisés pour différents objectifs.

Beaucoup de choses se font de **manière « couverte »** (*Technique : Covert Hypnosis*) ce qui parfois limite l'apprentissage parce que des points ne sont pas expliqués.

D'ailleurs, pour vous montrer le niveau que peuvent avoir les professeurs et cette méthode, je me souviens (*Technique : Métaphore imbriquée*) un soir, avoir eu une **discussion houleuse** avec une co-apprenante.

En expliquant que beaucoup de choses ne nous étaient pas expliquées.
Nous étions tellement en état de transe que **nous n'avions plus de critique** vis-à-vis de certaines choses, les formateurs nous entraînaient là où ils souhaitaient.

Je donnais l'exemple d'une induction qui ne nous a pas été enseignée totalement mais **seulement quelques parcelles,** sans le processus complet.

Ma co-apprenante me regarda, s'énerva que je sois si négatif vis-à-vis du cours, puis me dit :
« D'ailleurs, je ne me souviens pas de cette partie là... ».

Nous étions plusieurs à table et nous lui donnions des détails, seulement cette partie là avait été **complètement occultée.**

D'autres ne se souvenaient que de quelques parcelles et disaient :
« Bah si on l'a vu », quand je disais « pas entièrement », ils ne connectaient pas l'information.

Cela donne une idée de ce que peuvent donner **quelques jours en transe** avec des personnes compétentes en conversationnel.

Les semaines sont donc **des stages intéressants,** même si sur la dernière que j'ai faite grâce à la rencontre d'un excellent prof peu avant, (Celui qui m'a enseigné les Instants) j'étais en analyse constante pour comprendre le fonctionnement du stage.

Par conséquent, c'est **comme se battre avec les suggestions qu'on introduit dans son subconscient** (*Technique : métaphore*) qui fatiguent énormément le conscient et le facteur critique si on leur impose de rester.

Je suis ressorti complètement **vidé et très en colère** d'avoir vu qu'en fait, **on ne nous donnait pas tout** et que la plupart des apprenants ne pratiqueraient certainement jamais.

Le doute étant un des ancrages mis le plus en avant au travers du seeding.

Ayant une visibilité dans le temps vis-à-vis des contacts de cette formation voici une information intéressante : **très peu sont devenus praticiens** ou sinon, en restant greffés à l'école.

Je n'imagine pas l'état dont on ressort après 2 ou 3 semaines de stage comme le propose certaines écoles. Si vous en faites dites-moi.

LES COURS SPECIALISES

Pour continuer à évoluer et progresser il y a un grand intérêt de faire des cours qui soient précis sur des points spécifiques.
De plus en plus d'instituts le font.

J'ai eu la chance d'en faire sur les instantanées et j'ai vraiment eu plaisir à l'apprentissage.
En plus, la chance est d'avoir étudier juste avec Irn et le professeur.

Quand on trouve **un passionné,** comme nous l'avons eu, il y a une vraie interaction et **on apprend énormément.**

Je le conseille à tout le monde une fois que vous avez déjà un bagage et une mise en pratique.

LES COURS ANGLO-SAXONS

Je ne sais pas trop comment nommé cette démarche.
En tout cas une de mes professeurs, certainement celle qui m'a le plus donné dans toute ma formation actuelle, fait une **formation en 4 jours.**

Une formation construite, qui va **droit au but,** qui donne rapidement aux élèves les premiers outils pour vraiment travailler.

Le format est très bien construit pour commencer l'hypnose et **se mettre en action.**

Pas de fioriture c'est concis et captivant, les retours sont excellents.

Cette professeure complète en plus sa formation, pour ceux qui le souhaite, avec d'autres sessions en week-end.
Mais absolument pas obligatoire et on ne sent jamais cette idée de pousser à plus.

LES COURS PAR INTERNET

Comme vous l'avez constaté je suis légèrement accroc aux formations et je suis content parce que Irn dans le groupe est tout aussi accroc.

Cela permet d'échanger sur des tas de disciplines que l'un ou l'autre n'a pas encore étudié.

Internet pour moi est **le paradis de l'apprentissage.**
Je sais que ce n'est pas dans notre culture et d'ailleurs en France vous ne trouverez que très peu de cours en ligne dans notre belle langue.

Un jour, j'ai découvert, grâce à mon prof de PNL, un homme pratiquant l'hypnose comme j'avais envie de le faire moi-même.

J'ai appris qui il était, c'était **Jerry Kein**, élève du Grand Dave Elman. *(Technique : Seeding)*
Je ne pouvais pas aller aux USA et je voulais apprendre sa méthode.
Une chance qu'il fasse des cours par le web.

Une formation entière est filmée comme si vous étiez en classe.
L'avantage est, comme pour les cours par correspondance, **vous étudiez quand vous le pouvez**.

Vous pouvez **revoir,** le nombre de fois que vous le souhaitez, les séquences que vous n'avez pas comprises. Vous pouvez **envoyer des mails à l'école** pour avoir des réponses.

Certains disent que ça ne vaut pas un cours en direct.

Pour n'avoir jamais eu de réponses à des questions que je posais pendant les séminaires, j'ai trouvé la méthode mail bien plus efficace.

Sincèrement à mes yeux, c'est **un des meilleurs moyens d'apprendre.**

On est **flexible,** on a toutes les informations à disposition, on a la possibilité de prendre son temps avant de présenter l'examen final.

Je le **conseille à tout le monde,** vous verrez il y a plusieurs écoles aux USA et en Angleterre qui proposent ce type de démarche.

Les **coûts sont parfois très élevés,** seulement je pars du principe que je ne paie pas de frais d'hébergement et de voyages.

Il n'y a que vous et votre motivation pour pratiquer.
Personne ne va vous corriger en direct.
Là encore je pense que les plus avancés d'entre vous peuvent prendre plaisir à ces formations.

Pour les cours je vais m'arrêter là, on peut apprendre par les livres, les vidéos, dans la rue, avec des amis.
Je passe plutôt en revue les formations certifiantes.

Maintenant faites votre choix.
N'ayez crainte, **chacun travaille à sa manière.**
Juste pensez à une chose. Si vous ne pensez qu'avec la vision de VOTRE école sans vous ouvrir et découvrir ailleurs... à mes yeux … c'est qu'on vous a bien FORMATES.

Internet + Correspondance + Semaine + Week end = Chacun sa façon d'apprendre

Chapitre 15 : Les Zones

Ceux qui font de l'hypnose vont se dire :
« Qu'est-ce que tu racontes Pank avec tes zones ? »

C'est **un concept de base** que j'ai mis en place avec l'aide de Irn suite à un Stage de la Méthode Silva (Enseignée en France par Lee Pascoe)

(*Technique : Ouverture Métaphore imbriquée*) Je ne suis pas du tout un praticien à protocoles, voire même je les déteste.

Ma raison est simple, on nous parle de la **qualité d'adaptation au Patient** et là, comme par hasard, on nous explique que nous devons utiliser des protocoles, au mot près.

Intéressant, n'est-ce-pas ? Donc pour faire arrêter la cigarette je vais toujours dire la même chose, pour faire perdre du poids aussi.
Vous ne trouvez pas ça choquant ??

Autre chose, je ne pense pas qu'un système soit fait pour être suivi point par point.
Être praticien c'est être une personne avec son passé, ses expériences, ses intuitions, sa confiance.

Nous sommes une histoire, alors prendre l'histoire d'un autre comme étant **la référence** d'une pratique, me semble limitant.

Vous êtes unique et vous ne serez jamais votre professeur, vous ne serez jamais Jerry Kein, ni Milton Erickson.

Il y a une logique martiale qui dit : **« Inspires toi des grands et construis ton propre style. »**

Si un jour vous doutez, vous vous dites :
« Je suis nul, je n'arrive pas à faire comme telle ou telle personne... ».

Pensez simplement que vous ferez des choses différemment, d'**une manière qui vous est propre.**

L'important est d'avoir une **BASE propre** et d'avoir assimilé les concepts.

Vous savez faire de la pâte à crêpe ?
Pourtant si on prend chacun des lecteurs, chacun mettra les ingrédients à sa manière, certains rajouteront des choses, d'autres pas.
Pourtant la **recette de base vous la connaissez.**

Alors oui, la saveur ne sera pas la même, certains préféreront celle de untel ou d'un autre et d'autres aimeront la vôtre plus que toutes.

Descendez d'un nuage, **nous ne serons jamais des praticiens UNIVERSELS.**

Je sais, ce n'est pas sympa de se dire que ce qu'on va faire pour certains, ne leur conviendra pas autant qu'on aurait aimé.
Là, c'est un problème d'ego.

Acceptez le fait que vous n'êtes pas des Dieux, **juste des humains.**

Par contre des personnes qu'aujourd'hui vous n'arrivez pas à aider, demain avec votre expérience, votre recherche, votre pratique, pourront très bien être **comblées par vos services** dans le futur.

Nous ne sommes pas des protocoles figés, nous sommes des Hommes et nous avançons, nous évoluons. (*Technique : Fermeture de la métaphore imbriquée*)

Alors Pank, les Zones qu'est-ce donc ?

C'est simple (*Technique : Seeding*).

Une fois que vous avez mis votre partenaire en transe vous allez lui faire descendre un couloir, escalier, sentier *(Technique : deepener/ Approfondissement)*.

Quand vous percevez que votre partenaire est bien dans son monde.
Vous le faites passer dans une Zone que nous nommerons de **CONFORT/ SECURITE.**

ZONE de CONFORT

Dans vos écoles vous avez dû voir des choses assez similaires.
Le but premier est d'entraîner son partenaire dans **un lieu de relaxation**.

Cela va nous permettre de travailler sur des approfondissements.

Vous commencez à **le responsabiliser** *(Technique : Rappel/ Focus Interne/Seeding)* sur sa zone, sur ce qui lui appartient vraiment.

Proposez lui la mer, la montagne, les airs, dans l'eau, en ville etc… **ouvrez son champ des possibles.**

En Anamnèse, prenez le temps de demander quels types d'endroits ils aiment et ceux qu'ils aiment beaucoup moins.

Une fois, je suis parti sur une zone de confort en expliquant que la nature est belle, qu'il y a plein d'animaux magiques, etc...

Je vois les yeux de ma cliente/patiente se figer comme tendus, directement je la fais aller dans un lieu qu'elle construit comme une immense demeure et là elle se calme.

Je lui demande si elle est mieux dans cette zone, elle me répond : « Oui, la nature me fait peur, je suis née en montagne, je sais que la nature peut être cruelle ».

J'avoue que je ne pensais pas qu'on pouvait faire une généralisation sur l'ensemble de la nature. Pensez y et **ADAPTEZ vous**, votre partenaire n'est pas en compétition avec vous.

Il n'est pas là pour ne rien dire.

D'ailleurs c'est un point sur lequel je veux vraiment revenir pour que vous l'incluiez dans votre **BASE**.

Une séance **n'est pas une prestation oratoire** du praticien qui s'entend, qui aime à jouir de ses qualités techniques extraordinaires, en se disant :
« Extraordinaire, je viens de placer une commande insérée » ou « Ma métaphore est vraiment excellente pour cette problématique ».

Nous ne savons pas ce qui se passe dans la tête de notre patient.

Alors **interrogez-le**.
Certains me diront : « Pank, tu vas les faire émerger de leur transe !! » et alors, vous connaissez la notion de **FRACTIONNEMENT** et bien ils n'y retourneront que plus profondément.

Détendez-vous, l'hypnose est liée à l'humain, nous ne sommes pas des machines, nous connaissons et nous étudions suffisamment pour retomber sur nos pattes.

Arrêtez d'avoir peur, vous vous limitez.
C'est parce que vous expérimentez que vous vous améliorez.

Tant que vous **gardez les bases** (*Technique : Seeding*) de votre pratique, VOUS NE POUVEZ PAS FAIRE DE MAL avec une intention positive.

Il y a vraiment une notion de fantasme du tout puissant Hypnotist même dans notre monde de praticiens.

Si vous avez cette croyance, c'est peut être que vous pensez être dignitaire d'un pouvoir, donc repensez peut être votre échelle de valeurs.

L'hypnose nous donne **des outils pour bien faire,** parfois on va en affectionner certains plus que d'autres.

Parfois on va construire depuis notre base un système propre.
La maîtrise de vos fondamentaux (*Technique : Commande insérée*) vous permet de retomber sur vos pieds.

Je me souviens d'histoires dans lesquelles le praticien explique qu'il est paniqué parce que son patient est en pleine régression d'âge et qu'il ne peut pas le faire remonter.
Si vous lisez ça, vous praticien ou néophyte, vous en pensez quoi ?

« Je dois faire super attention avec l'hypnose, ça peut faire des choses folles. »
Bien sur le Héros de ces histoires est toujours un génie qui va trouver la parade ultime et il y aura un happy-end, avec une belle musique sur l'auteur-praticien génial.

Seulement **on vous fait croire** qu'un cas parmi des milliers voire des millions, est commun.
De plus, c'est aussi un **manque d'expérience** de ces historiens qui n'ont pas mis en place ce que certains nomment des « fusibles ».

Donc n'ayez crainte, si à un moment vous vous sentez perdus, il vous suffit de faire retourner votre partenaire dans **sa zone de confort**.

A sa première découverte de cette zone donnez lui les indications suivantes et la liste est non exhaustive, soyez créatif, libre de vos idées et pensées :

- Un lieu dans la nature / ville / ouvert / fermé
- Un endroit entouré d'une belle énergie
- Un lieu où il n'y a personne de connu
- Un lieu qui évolue sans cesse comme un territoire infini
- Faire marcher/ voler / nager le partenaire pour découvrir
- Ne pas hésitez à lui demander de décrire un peu
- Le faire retrouver des émotions positives
- Un lieu apportant de la sécurité comme protégé de tous les êtres et moments polluants
- Un lieu qui est comme une dimension parallèle (j'ai repris cela de Burt Goldman)
- Pour les plus ésotériques : êtres de lumières/Anges/Elfes/Fées.
- Lui faire construire, un habitat/une pièce magique
- Un lieu où il n'y a personne de votre connaissance.

Ce dernier point est fondamental, ne faites pas aller vos clients/patients dans un lieu avec des êtres connus, c'est une zone qui leur appartient à 100% et les enfants, la famille, les amis ne peuvent venir qu'à **titre exceptionnel**, c'est un endroit rien qu'à eux et pour eux.

Nous avons eu un cas une fois où la personne a directement intégré ses parents morts dans cette zone et le travail sur ces derniers n'avait même pas commencé.

Vous n'avez pas de limites et vos patients non plus.
Vous les verrez prendre plaisir.

Xteen une des Coachs de Hype-N-Ose me fait toujours sourire quand elle parle de sa zone de confort.
Pour elle c'est massage obligatoire, **elle a toujours son passage au massage**...

Vous riez peut-être de ces idées et de ces créations de l'esprit. Seulement vous devez savoir que ce que l'on construit dans notre cerveau peut construire les effets similaires de ce qui est physiquement vécu.

C'est d'ailleurs pour cela que très souvent on fait travailler l'imagerie mentale des athlètes.

J'ai entendu une histoire, je ne connais pas la véracité mais on va la valider (vous êtes en transe vous entendez ma voix)

C'est un athlète qui se serait blessé, pendant sa convalescence il **a continué à visualiser** son entraînement quotidien.
Sa masse musculaire n'aurait que **très peu diminué**.

Maintenant je reprends ce que nous avons tous fait enfant.

On s'est tous dit, demain j'aurais mal au ventre et je n'irais pas à l'école et le lendemain, douleur voire fièvre...
Donc ce que nous imaginons se réalise.

Dans cette zone de confort vous pourrez tout faire évoluer de séance en séance.

Le principe des zones peut devenir très accessible en Auto Hypnose.
Vous offrez à votre partenaire un moyen quotidien de se retrouver.

ZONE DE TRAVAUX

Les zones de travaux vont être des **lieux dissociés** *(Technique : dissociation, cela permet de mettre une distance la plupart du temps entre nous et une émotion négative)* dans lesquels vous ferez aller votre partenaire pour **mettre en place les suggestions** et les exercices pour les objectifs définis.

Nous **n'avons pas de limite** dans ces zones et vous êtes libres de construire ce que vous souhaitez, dans le but d'un mieux être et d'un traitement des blocages de votre sujet.

Pour faire simple et donner une idée, voici ce qui peut être le **B.A.BA du concept des Zones.**

Vous le faites donc se poser dans sa **zone de confort** et vous le dissociez dans ce lieu, laissant une partie de lui dans ce lieu **pouvant y retourner à n'importe quels instants** dans la séance, s'il a une peur, un blocage, une émotion trop forte...

Une autre partie de lui peut **ouvrir une porte** et se retrouver dans une autre zone.
Faites en sorte que **la zone soit agréable**.

La première zone peut être la zone d'action du **présent** comme par exemple une zone de communication, pour que le client/patient puisse **exprimer à autrui l'ensemble de ses pensées**, de ses regrets. (*Technique : Unplug)*

Cette zone va vous permettre de faire un travail de fond et de **responsabiliser** votre sujet dans sa séance.

Pour les techniques que vous utiliserez, je suis certain que vos écoles vous ont donné des tas de manières de faire.

Une seconde zone en parallèle peut être une **zone du passé**.
Par exemple, faire entrer dans la bibliothèque des souvenirs liés à ses maux et commencer à faire travailler les éléments de transformations et changements.

Réécrire les histoires, transformer les perceptions, les submodalités. *(Technique : métaphores)*

Une troisième **zone de futurisation** ce qui permet de projeter notre partenaire dans les possibles.

Bien sur vous passez de l'un à l'autre en fonction de ce qu'il fait, ce qu'il voit, comment il avance.

Le principe des zones **est simple** *(Technique : Seeding)* et permet de **se structurer** vis-à-vis des séances.

Ici, je vous présente ce qu'il y a de plus basique, vous pouvez créer un paquet de zones.

Ce qui en Ericksonien reviendrait à **des métaphores imbriquées** avec un principe de dissociation sur de nombreux éléments.

Vous observerez souvent quelques amnésies de parties de séance ayant apporté *une saturation* chez votre client/patient.

Je ne vous donne pas de techniques spécifiques, j'imagine que vous en avez qui sont liées à vos écoles ou lectures *(Technique : Présupposition)*.

Après que vous ayez clos toutes les étapes et toutes les zones, vous faites un retour en zone de confort.

Et vous lui ancrez ce joli cadeau.

Zone de confort + Zone du présent + Zone du passé + Zone du Futur = Une base du travail des Zones

Chapitre 16 : Les Outils pour nos clients/patients

Nous faisons **des thérapies brèves,** d'après les différentes définitions que j'ai lues, ce sont des processus qui peuvent durer jusqu'à 2 ans.

« 2 ans !!! » Me direz-vous avec un étonnement plein les yeux.
Et oui c'est **une thérapie.**

Je reviens sur ce point parce qu'il est vraiment important que les néophytes, les intéressés et même les praticiens réalisent que nous sommes dans une **démarche impliquante.**

Il est vrai que nous sommes capables, (ou plutôt le client/patient) grâce à l'hypnose, de **faire cesser la cigarette en une séance.**

Il est vrai aussi que certaines phobies peuvent passer en une fois.

Petite parenthèse, j'aimerai bien avoir des **statistiques officielles** de fin de phobie sur le long terme (plus de 5 ans), suite à des switch Pattern en PNL par exemple.

Quand on lit les ouvrages et même pour l'avoir pratiqué, effectivement avec certaines personnes en 15 minutes, il n'y a plus de comportement phobique.

La question que je me pose est de savoir si sur les années ce comportement ne se transformera pas **en compensation** ? Je n'ai pas de réponse et j'ouvre la question.

Donc effectivement, en une fois, on peut faire des choses extraordinaires.

Cette image malheureusement dans une **société de consommation** comme la notre, n'est pas forcément un plus pour les praticiens.

Les clients attendent **des effets immédiats,** ne **se laissant même pas le temps** d'assimiler les choses.

Je prends un sujet qui m'intéresse de plus en plus avec **les pertes de poids** (ne venez pas me dire que 'perdre', le subconscient ne le comprend pas donc il va chercher à les 'retrouver', on peut très bien conceptualiser une PERTE de poids, avec des images, et le subconscient qui a autour de 5 ans capte très bien l'image). *(Technique : métaphore imbriquée)*

J'ai des demandes pour mettre des anneaux psychiques afin de ne plus sentir la sensation de faim.

Ou comme avec **un coup de baguette magique** faire en sorte que le sucre et toute la « junk food » ne leur donnent plus envie.

Et cela en une ou deux séances. On veut qu'un praticien en Hypnose prenne **la RESPONSABILITE** *(Technique : Seeding)* de la démarche de son sujet/client.

Vous êtes d'accord, les prises de poids ne sont pas venues du jour au lendemain (en général) et sont dues à une hygiène de vie qui ne correspond pas à la personne.

Il y a aussi des **facteurs plus psychiques** comme une prise de distance avec les autres, de protection, de manque d'estime de soi, de recherche d'amour, etc… au travers d'un facteur extérieur qui est la nourriture.

Quand on va expliquer à un client/patient, qu'il devra changer ses habitudes, faire du sport, travailler sur soi, en plus des séances d'hypnose, on a un blocage :
« Je pensais que l'hypnose allait…. »
En général, que **ça allait faire le job à la place de la personne**.

Comme beaucoup de praticien, en plus du rapport à la nourriture, je travaille sur ce qui est **plus profond** (*Technique : si on met en grand certains mots comme « plus profond, », il y a de fortes chances que cela construise un approfondissement, même à l'écrit.*).

Je signale qu'automatiquement il va y avoir des remontées émotionnelles, des moments où il va falloir gérer des problèmes mis de coté dans le passé.

J'ai souvent des « STOOOP !!! Je ne suis pas venu pour cela, je suis venu pour perdre du poids »

Il est important dans nos démarches d'**éduquer** les clients/patients à ce que nos disciplines sont capables de faire et ce que **EUX aussi sont capables de faire** en un laps de temps défini.

Dans l'absolu, tout le monde peut arrêter en une fois.
Il y a bien des personnes qui arrêtent de fumer du jour au lendemain.

Par contre tout le monde n'est pas dans les mêmes situations, les mêmes dispositions à un moment donné pour le faire.

Le fait de donner du temps c'est aussi leur apprendre qu'**ils doivent prendre du temps pour EUX.**

Dans cette démarche il y a une chose qui pour moi et les membres de Hype-N-Ose, reste importante, c'est de **proposer des outils**.
De proposer des devoirs à faire.

J'ai constaté en faisant des disciplines variées que les personnes, très souvent, **consommaient leur séance.**

C'est un peu comme se dire, ce n'est pas grave si je me sens mal, je sais que je pourrais aller le voir. Ou, je vais chez mon psy chaque semaine donc je gérerai ça avec lui.

Cela **n'investit que très peu** les clients/patients qui se déchargent sur les praticiens.

Vous me direz d'un point de vue business, c'est bien, ils vont être très réguliers aux séances.

Sincèrement, quel est l'intérêt ?
Vous pratiquez ces méthodes pour faire quoi ? De l'argent ? De l'estime de vous ? De la prise de contrôle sur une vie ?

Pour moi et beaucoup de praticiens que je connais, on fait ces disciplines pour que les clients/patients **aillent mieux** qu'ils puissent évoluer dans leur vie.

Si c'est pour les voir revenir sans cesse sans la moindre amélioration sur le sujet abordé, il y a deux choses :

Soit j**e suis nul avec lui** sur le sujet abordé et dans ce cas je redirige vers une personne qui pourra mieux lui convenir.

Soit le client/patient **se sabote**, se conforte dans un malaise.

Avec les années j'ai mis en place des petits exercices simples entre les séances.
Cela me permet de voir rapidement qui prend le temps pour lui et qui consomme.

Je sais que l'excuse magique est :
«Je n'ai pas le temps de faire ceci ou cela, j'ai un boulot, des enfants, une femme, un chat, un ordinateur, une télévision, du sport, des repas... »
Bref ! Des tas d'**excuses extraordinaires pour ne rien faire.**

Je vous donne, avec ce que nous avons déjà vu, (*Technique : Focus Interne*), un cadeau que nous pouvons lui faire et un exercice qu'il peut mettre facilement en place.

La **zone de confort est une Transe,** vous en convenez.
Cette transe **on va lui ancrer,** lui permettre d'y retourner quand il le souhaitera.

Je vous donne ce qui est pour moi le plus simple.
C'est lié à la Méthode Silva (*Technique : Seeding*) et je trouve que, là encore, **c'est extraordinaire** ce qu'il a mis en place.

Pendant la transe et quand vous le raccompagnez dans son « émerge », vous lui ancrez une méthode simple :

A Partir de maintenant, tu peux retourner quand tu le souhaites dans ta zone de confort.
A n'importe quel moment tu peux y retourner, simplement en suivant ce processus :

– **Visualisez 3 fois le chiffre 3, vous le répétez intérieurement 3 fois.**
– **Faites la même chose avec le 2**
– **Faites la même chose avec le 1**
– **Puis juste descendez le long de l'escalier dans votre zone de confort : de 10 à 1**

Vous lui précisez que **quoi qu'il arrive, il se retrouvera dans la zone de confort, d**ans le même état. Même s'il est moins profond, qu'importe, il sera quand même en **Alpha.**

Vous pouvez rajouter à cela un geste pour le **kinesthésique.**

Pour répondre à la question que l'on m'a souvent posée :
« Pourquoi pas simplement une ancre Kinesthésique ? »

Simplement parce que l'expérience m'a montré que vous aurez la réponse suivante quand vous leur demanderez s'ils sont retournés dans leur zone de confort.

« J'ai l'impression que c'est parti, que ça marche moins, je ressens moins ... »

Alors qu'avec **un vrai processus** fait consciemment, ils savent que c'est comme une addition : 2+3 donnera 5.
C'est une conséquence logique.

En tant que praticien il est important que nous leur **donnions des outils** pour qu'ils puissent devenir **INDEPENDANTS et RESPONSABLES** de leur mieux être.

Cela sera un vrai plus, ils reprendront **confiance dans leurs CAPACITES** et ça n'a pas de prix.

Ce n'est plus nous qui les entraînons dans une Transe, ce sont eux qui s'exercent pour maîtriser cet état.

Comme en musculation plus ils vont l'utiliser plus cela va se développer. *(Technique : Métaphore)*

Vous vous demandez, à quoi sert d'utiliser cet état ?

Dans les premiers temps, vous vous retrouver dans **un état de confort,** de calme, de sérénité.

Après vous lui enseignerez **comment développer la zone**, comment devenir son propre praticien.

Vous lui enseignerez l'auto hypnose de manière détournée sans donner de grands mots.

Nous sommes comme des coachs sportifs, nous devons faire en sorte que notre athlète soit capable d'**optimiser ses capacités**, d'effacer ses défauts et de performer dans ses objectifs.

Tout comme un coach, nous lui enseignons aussi comment il peut travailler seul, changer sa manière de vivre pour atteindre ce qui lui semble juste.

Nous sommes derrière en soutien pour l'orienter.

Une fois que nous avons travaillé ses ancrages et vous pouvez en construire des tas d'autres, nous allons faire « émerger » notre partenaire.

Pour en revenir à l'hypnose de Scène et de Rue, quand on va faire émerger une personne en disant : « ouvres tes yeux, maintenant ».

Vous imaginez bien que la personne répond à la suggestion. (*Technique : Métaphore imbriquée en confusion*)

Le moment extrêmement important de la séance arrive maintenant avec la sortie de Transe et le **Post Hypnotique**.

Une Zone de Confort + Un processus + Un ancrage = Un outil gratifiant pour vos clients/patients

Chapitre 17 : L'Emerge

Faire 'emerger' son client/patient est une phase intéressante et en fonction de la profondeur de sa transe nous devons prendre un certain temps.

C'est vrai qu'en Street Hypnose il y a des moments où je me dis qu'on va trop vite pour les faire émerger.

Avec le temps et l'observation j'ai compris que beaucoup faisaient revenir leurs partenaires rapidement pour que le sujet reste en transe.

Ce que Jerry Kein nomme « **Standing Hypnosis** ».

C'est d'ailleurs très utilisé en Hypnose de Scène.
Vous avez l'impression que le sujet est revenu et l'hypnotist va le faire retourner dans une transe simplement avec un geste ou un mot.

D'abord décrivons ce qu'est le moment de **l'emerge**.

L'émerge est le moment de sortie de la zone de confort, quand vous avez fini votre session.

Vous dites à votre client/patient que dans quelques instants il va revenir dans un état normal et ouvrir les yeux.

Vous faites un **décompte ascendant** de 1 à 5 par exemple.

(*Technique : Ouverture de métaphore imbriquée*) Attention à une chose, quelques écoles travaillent de manière différente et font des émerges en descendant.

Seulement **nos ancrages éducatifs** font que dès qu'il y a un décompte nous **descendons,** c'est une logique imparable, faites le test sur vous même quand vous êtes un peu stressé ou tendu, décomptez tout doucement de 10 à 1, vous constaterez que vous vous relaxerez.

Pensez à un autre ancrage comme celui des notes à l'école, plus ça monte et plus on est euphorique, on dit bien : des notes élevés (et levé) et notes basses...

Comme je n'étais pas un modèle de réussite en cours j'avais des notes « abyssales » plutôt profondes, n'est ce pas ? (*Technique : fermeture de métaphore imbriquée*)

Pour faire ressortir de la transe, prenez le temps de prononcer chaque chiffre, en l'unissant avec une récupération de ses qualités et capacités physiques.

Par exemple :

« Nous allons ressortir de ce merveilleux état et vous savez maintenant que vous pourrez y retourner quand vous le souhaiterez.

A 5 vous serez complètement ici et maintenant, fier de ce que vous avez accompli et faisant pleinement confiance à vos capacités subconscientes.

1 - Vous vous remerciez pour ce merveilleux travail et vous ressentez de plus en plus vos pieds au sol.

2 - Vous reprenez conscience de votre assise et de l'incroyable voyage dans votre subconscient.

3 - Vous pouvez dès à présent bouger librement vos mains et prendre plaisir à revenir plein d'énergie.

4 -Vous vous emplissez de force, de confiance et d'énergie et vous vous sentez là.

5 -Vous pouvez ouvrir vos yeux. Ici et maintenant.

C'est simple soyez inventif, n'hésitez pas à le **faire revenir doucement.**

Parfois on va un peu vite et on voit notre partenaire encore vraiment loin, faites lui juste fermer les yeux et recommencez de 1 à 10.

Certains seront vraiment partis dans des transes très profondes et le retour peut être désagréable, comme des hauts le cœur, des maux de tête, n'hésitez pas à recommencer avec plus de reprise de conscience de son corps, de son présent, de ses sensations.

N'ayez crainte, à moins qu'il ne soit dans un coma hypnotique, **il reviendra toujours**.

Certaines écoles, souhaitent que les chiffres **soient en rime** avec les phrases qui suivent.

C'est une idée, c'est agréable et puis ça permet un début de **post hypnotique vraiment intéressant**.

Maintenant, c'est parfois compliqué ou on n'a peut être pas l'inspiration.
Ça ne changera pas **votre qualité** pour le ramener dans d'ici et le maintenant.

Avec l'émerge, on peut **faire oublier** par exemple des parties de séances qui ont pu être assez difficiles pour le client/patient.

Au moment où il ouvre les yeux, simplement posez lui une question qui n'a rien à voir avec tout ce que vous venez de faire comme : « Au faite c'était quoi ton repas d'hier soir ? »

Cela va créer **une parenthèse** dans la connexion: conscient/subconscient.

Un décompte ascendant + Du temps pour redonner conscience = Une sortie de Transe avec le sourire

Chapitre 18 : Le Post-Hypnotique

J'ai souvent observé au sein des formations que peu de personnes mettent en avant l'**importance du post-hypnotique.**

Les meilleurs formateurs, à mes yeux, pour nous prouver l'importance de cette partie restent **les spécialistes de la scène.**

Même si parfois ils ne donnent pas tous les éléments sur ce moment important, ils nous montrent de manière claire la façon dont nous fonctionnons dans cet état.

En post-hypnotique, nous sommes toujours extrêmement suggestionnables.

Il y a autant d'impact que pendant certaines phases de la transe.

Je me souviens que j'aimais bien rigoler avec mes clients/patients après les avoir fait émerger. Jusqu'au jour où j'ai compris grâce à des professeurs et des formations, que nous devions considérer cette étape comme étant **aussi importante que le corps de séance.**

Comprenez que ce que vous dites quand votre partenaire émerge, revient à **parler directement à son subconscient.**

Vous avez tous compris que nous contournons **le facteur critique** et à mesure que nous continuons notre séance, nous faisons des approfondissements, des dissociations, petit à petit **il se réduit** de façon drastique.

Même si d'ailleurs ils vous disent en sortant : « Il y a des moments j'avais l'impression de revenir et de reprendre conscience ».

On a toujours un temps d'avance sur son facteur critique, donc, même si ce dernier se réactive parce que j'ai touché un aspect que je ne connaissais pas de mon client/patient, je sais que je suis leader de la séance et qu'il va revenir pour repartir quelques temps après, c'est **notre rôle de Praticien d'avoir cette confiance.**

D'ailleurs je pense qu'il est bon de s'arrêter sur ce mot là : *CONFIANCE*. (*Technique : Métaphore imbriquée)*

Je remercie **un de mes professeurs, qui renaît de ses cendres,** pour m'avoir enseigné cette attitude essentielle.

La confiance en vous et en **votre aptitude d'entraîner votre partenaire dans des transes,** dans son cheminement pour son mieux être.

Beaucoup de praticiens, débutants ou non, sont freinés par cette aptitude.
Tout le monde part d'une belle attention et puis soudainement c'est le stress.

Il peut y avoir des tas de probabilités qui cognent dans votre tête.

« Et s'il se réveille ? » : Déjà vos patients ne dorment pas, alors pas de soucis.

« Et s'il ne va pas assez en transe, s'il résiste ? » : Il aura perdu une séance, vous êtes équipier, si votre partenaire vous met des bâtons dans les roues, **vous faites de votre mieux.**

« Et si c'est un problème que je n'arrive pas à gérer ? » : Vous avez eu des formations vous avez des outils, **vous arriverez toujours à retomber sur vos pieds**, vos professeurs vous ont transmis leur savoir **pour votre succès**. Et n'hésitez jamais à continuer l'apprentissage.

Vous pouvez avoirs des milliers de questions. C'est certain et légitime.

On a souvent cette habitude de développer la peur de passer à l'acte.
Un conseil : pratiquez, pratiquez, pratiquez.

Vous verrez que **vous ferez des séances géniales** et quand vous trouverez que vous pouviez faire mieux, ça vous donnera **des axes de progression.**

Ayez confiance dans vos actes et dans vos attentions.
Vous êtes capables de choses extraordinaires, **simplement on ne vous l'a pas assez dit.**

Vous avez passé des heures à étudier, parfois investi des milliers d'euros.
Vous avez cette **lumière de vouloir bien faire** et faire du bien.
Laissez-vous **exprimer cette force** qui n'attend que de ressortir.

Alors, votre partenaire que vous avez **TRES BIEN géré**, (*Technique : Seeding et suggestions positives sur les passages précédents)*, reviendra avec vous.

Les mots que vous direz pendant environ 15/20 minutes sont **des moments de bonus.**

Cela aussi peut vous donner **encore plus confiance** même si vous n'avez pas fait tout ce que vous aviez en tête.

Votre partenaire va discuter avec vous et vous pouvez **repasser sur toutes les suggestions** que vous aviez citées dans votre séance.

Restez **extrêmement positif.**
Vous remarquerez que, parfois, c'est votre client qui commence à dire des :
« J'espère que ça marchera parce qu'en général ... »

N'hésitez pas à lui bloquer cette pensée en lui donnant des choses concrètes comme **le mieux être déjà obtenu par la séance.**

Vous pouvez lui parler de points importants en insistant sur le fait que les choses vont **encore avancer et progresser.**

Éviter donc de lui parler de problèmes, de blocages et autres. N'hésitez pas à donner un sourire et un langage non verbal positif et ouvert.

Je leur conseille souvent de ne pas prendre le téléphone et autres messages pendant un petit quart d'heure en leur signifiant que **c'est un moment pour eux.**

Imaginez que vous travaillez sur des éléments comme la colère, que la personne se sente apaisée et que son téléphone sonne pour un souci au boulot.

En post-hypnotique comme nous sommes en suggestibilité importante, l'impact est très fort et il peut en découler un **SABOTAGE du travail** effectué.

Mots positifs + Compléments de séances + Ancrages de réussite et succès + Seeding = Bon post-hypnotique

Chapitre 19 : L'Auto Sabotage

Une chose dont on ne parle pas souvent en Hypnose est la capacité d'**auto sabotage extraordinaire de l'être humain.**

Les clients/patients ne sont pas nécessairement prêts à vivre une thérapie.
Certains peuvent simplement **venir sans s'investir.**

Ce qui fait que même avec le travail que vous allez mettre en place, ils peuvent réussir à **réactiver des ancrages** que vous avez retirés.

Je vais vous donner un exemple concret *(Technique : Ouverture de métaphore imbriquée).*

Un client/patient vient me voir pour des TOC.
Ces troubles sont empoisonnants pour ceux qui les vivent.

Après une session vraiment intéressante, le sujet rentre chez lui et les retours sont positifs.
En effet, les TOC s'étaient effacés.

Puis 3 semaines plus tard, le comportement reprend, certes, de manière moins intense et un peu différemment mais ça reste toujours désagréable.

En refaisant une anamnèse sur ce qu'il a vécu pendant ce mois.
Il m'explique aller mieux et que petit à petit une problématique qu'il avait depuis des années est venue l'obséder.
Dans ses rêves, au travail...

Au lieu d'aller voir un spécialiste pour traiter ce problème, il m'explique qu'il a tenté de le mettre de côté.

A partir de là, les TOC sont revenus... ils occupent son esprit et son corps, évitant ainsi de travailler sur le fond.

Ce client/patient a complètement saboté le travail qu'il a mis en place sur lui.

Souvent vous remarquerez que les retours de fond arrivent entre 3-4 semaines après la séance.

Il y a des éléments essentiels qui se débloquent ce qui nous permettent d'aller plus loin et le client/patient est prêt à traiter d'autres éléments de sa vie.

N'hésitez pas à prévenir vos clients/patients pour que vous puissiez aller vers une vraie résolution de ses maux.

Dans ce cas, le problème n'était pas les TOC mais un événement traumatisant.

Au lieu d'aller au cœur de sa douleur, de peur de perdre contrôle, il a construit d'autres symptômes. *(Technique : Fermeture de la métaphore imbriquée, notez qu'une autre a été imbriquée au milieu)*

Cela est un exemple à petite échelle, j'ai vu des clients qui changeaient et amélioraient grandement leur vie, **retomber dans des nouvelles problématiques** pour retourner au point initial d'avant les sessions.

Il y a un effet de **bénéfices secondaires** qui est très puissant chez de nombreuses personnes.
Vous me direz que c'est curieux de casser ses efforts.

Il y a un véritable auto sabotage chez beaucoup d'entre nous.
Comme une **force destructrice** au changement, de peur de ne pas gérer les événements, les situations, les gens nouveaux ou les réflexions des personnes que nous connaissons.

Pour aller mieux avec une démarche en Hypnose et en Thérapies brèves, comme je vous l'ai précisé plus haut, il est **nécessaire de s'investir** dans un vrai changement.

Certaines personnes vont **grimer une envie de changer** parce qu'un tiers vous les envoie en cabinet. Celles là nous les mettons de coté.

Il y a ceux qui majoritairement veulent **vraiment s'en sortir.**

Par contre, la méconnaissance de l'hypnose entraîne un comportement d'attente, comme en hypnose de scène dans lequel **ils sont sujets absolus du praticien.**

C'est de la **dé-responsabilisation**, ils donnent tout le poids des choses à un praticien, qu'importe sa discipline. Sans faire d'autres démarches que de venir en cabinet.

Pour eux :

Effort de prendre un rendez vous + Une séance = Disparition immédiate des maux sans efforts.

Leur partie du contrat est de simplement de faire la démarche, après c'est à la discipline et ses échos magiques de faire tout le reste.

On retombe dans la société de **consommation médicale** ou opératoire.

Je me fais opéré, le chirurgien va faire son travail et c'est bon, je peux faire fonctionner mon corps, le mal a été « réparé ».

Ou la notion de médicament, j'ai mal à la tête, je prends mon médicament, la conséquence est que je suis soulagé. (*Technique : Métaphores*)

Comme nous sommes entrés dans cette démarche de consommation et que l'hypnose peut avoir des effets rapides sur le tabac par exemple, les « consommateurs » ne se renseigneront pas plus.

Ils demanderont **un retour rapide pour l'investissement temps/finance minimum.**

Seulement c'est loin d'être cela et les praticiens de ces disciplines prennent un vrai temps pour enlever ces images.

Certains hésitent à le faire, de **peur de donner une image d'inefficacité** de leur discipline, par rapport à la vision commune ou parce qu'un confrère (souvent dans un livre ou un forum) se vante d'avoir gérer telle problématique en deux temps trois mouvements.

C'est notre rôle de faire comprendre qu'il y a des cas, des moments, dans lesquels le client/patient va plus ou moins avancer. Parce que le **facteur déterminant** est justement **notre** client/patient.

C'est un fait remarquable de constater que de nombreuses personnes ne viennent que pour une session.

Lors des retours de séances, ils nous expliquent qu'ils se sentent vraiment mieux.

Seulement pour beaucoup, la première couche, celle qui avait percé leur carapace a été désinfectée mais ce n'est pas pour autant que les sutures ont été faites.

Pour en revenir à l'auto sabotage, il permet de ne pas aborder les sujets dérangeants, en restant sur le superficiel.

Quand on voit la lumière d'une bougie dans une grotte on s'y accroche. Même si à quelques pas de là il y a le soleil et la liberté de voir et d'être.

N'ayez crainte de **nombreux** clients/patients ont une énergie extraordinaire pour atteindre leurs objectifs.

Prévenez-les que le changement entraîne des résistances... **chez les autres.**

Il y a quelques années quand je travaillais avec d'autres méthodes je parlais très peu d'**écologie d'un système**, d'une structure, ou d'une famille.

(*Technique : Ouverture de métaphore imbriquée*) Un jour en travaillant avec une jeune femme, après la deuxième session, elle me disait sentir une énergie nouvelle dans sa vie.

Génial ! Elle faisait un boulot qui ne lui plaisait pas, avait un copain désespérant, vivait chez ses parents. Elle voulait **bouger sa vie** et des maux la bloquaient.

A la fin de la séance suivante je lui proposais de prendre du temps avant la prochaine session.

Quelques mois plus tard j'ai reçu un appel.

Elle m'expliquait qu'elle avait changé sa vie (et je précise que c'est **ELLE qui a changé sa vie** et pas le praticien qui a fait quoi que ce soit, restons humble nous sommes **des supports au changement**, rien de plus.).

Elle avait vécu une transformation dans sa vie, tellement intense, qu'elle a commencé à ne plus faire écho à son entreprise et elle s'est mise à dos la direction qui ne comprenait pas son changement.

Chez elle, ses parents ne l'a reconnaissaient plus, elle qu'ils connaissaient timide et mal dans sa peau, commença à bouger, évoluer, avancer.

A tel point que ses parents ont voulu qu'elle parte « vivre sa vie de femme ».

Ses nouveaux comportements lui firent rencontrer des recruteurs qui recherchaient son profil, son dynamisme et lui ont proposé un emploi à des centaines de kilomètres de là, avec un salaire suffisant pour louer un appartement seule.

Chose qui ne dura pas longtemps parce que dans sa nouvelle vie, elle croisa un homme qui devint son mari...(*Technique : fermeture de métaphore imbriquée*)

Cette histoire pour vous faire prendre conscience que le changement qui pour vous, semble positif, peut parfois faire **bouger les croyances de vos proches**.
Des remarques, critiques et autres pics peuvent fuser.

N'oubliez pas de prévenir les clients/patients, quand vous leur faites des séances, de la réaction possible des autres.

Il m'est même arrivé de voir des mères de famille quitter leurs maris suite à des séances... alors que le thème n'avait **aucun rapport direct** avec leur vie de famille.

Nous sommes des êtres qui par nature évoluons, nous nous sommes construits des habitudes pour nous rassurer d'un quotidien et pour donner des codes sociaux.

Notre être sait changer et s'adapter rapidement, par contre l'écosystème qui nous entoure, lui, est souvent moins souple.

Une peur du changement + Pas une réelle motivation + Une pression extérieure importante = Un chemin vers l'auto sabotage

Chapitre 20 : L'État Hypnotique

Je sors d'une formation pendant laquelle je suis revenu sur un élément important : L'état de Transe.

Souvenez-vous (*Technique : Focus Interne*), je vous ai dit que s'il y a une chose que vous devez apprendre à repérer c'est vraiment **quand votre partenaire est en Transe**.

Comme tous les passionnés, je vous disais que je souhaitais vraiment comprendre comment faire des inductions, le plus rapidement possible.

Puis avec son utilisation quotidienne, je me suis aperçu que, plus que de construire un état, nous pouvons profiter du fait que la Nature est parfaite.

Nous sommes tellement souvent en transe que nous pouvons profiter de **cet état naturel** *(Technique : Seeding)* pour « jouer » avec.

Même une personne très analytique, dans sa concentration et ses réflexions passe par ces états, ce qui fait que même si elle veut contrôler une séance elle aura automatiquement des moments de latence, proche de la transe.

Je mettais en avant qu'**être en transe ne signifie pas : ne pas être conscient**.

Beaucoup font un amalgame, pour des néophytes c'est assez normal, par contre c'est plus dérangeant pour des professionnels.

Il y a peu de temps en parlant avec un ami qui pratique depuis longtemps, il me dit, en regardant une des vidéos de Street Hypnosis du groupe, qu'il pensait que le sujet n'était pas en transe.

Je l'interroge dès lors.
Il me dit que la **personne rit** et qu'elle **parle normalement**.

Je lui rappelle qu'une transe peut être **extrêmement active**, type les transes chamaniques, les transes de spectacles, les transes rituelles avec de nombreuses danses et invocations. *(Technique : recadrage)*

Il me dit qu'il est d'accord mais que le gars est quand même **très conscient de tout**.

Pour lui et comme pour de nombreuses personnes que j'ai rencontrées, une transe revient à ne plus parler normalement ou avoir un débit de parole très lent, les yeux fermés et être tout chewin-gum. (Syndrome Kaa)

J'ai eu des expériences personnelles avec des **patients extraordinaires** pour étayer ce sujet.

Une personne avec qui je travaillais beaucoup, dans **le contrôle**, me disait souvent que l'hypnose ne marche pas sur elle comme sur les autres. (Nous aimons nous dire que **nous sommes tous différents)**

A chaque séance on se chamaillait, on se vannait, je lui faisais une 'instant' et juste après le « dors » elle parlait et continuait de rire ou de vanner.

A chaque fois je lui faisais faire des catalepsies de bras, les mains magnétiques avec des suggestions de bien être ou liées au thème de la séance.

Quand par exemple je lui prenais les bras et lui disais que :
« Dans quelques instants tes mains vont être attirées l'une vers l'autre.
C'est ta partie lumineuse qui va passer d'une main à une autre ouvrant à l'unité ton être le plus profond ».

Elle me rétorquait alors que ses bras étaient en train de se rapprocher que :

«Jamais mes mains ne se toucheront, il faut arrêter de déconner... » et en général au moment du contact, elle exprimait son étonnement avec un « oh... mais mes mains sont rassemblées ???!! »

N'oubliez pas **l'imagination est supérieure à la volonté** c'est Monsieur Émile Coué qui l'exprimait (*Technique : Substitution*).

Il y a des personnes qui passeront leur séance à dire que ça ne marche pas, qu'elles connaissent. **Ce n'est pas un problème.**

Lors d'une démonstration sur une ancienne co-apprenante, suite à une instant et au « Dors » elle avait les yeux ouverts et m'avait dit « Je ne dors pas ».

Je continue le travail, pendant l'induction je lui avais fait durcir son bras jusqu'à ce quelle ne puisse plus le plier.

Quand en parlant avec elle, elle avait les yeux ouverts, je lui proposais de plier son bras, elle me disait ne pas pouvoir.

Ce qui lui a démontré qu'une transe pouvait **laisser le conscient actif**.

Je démontre souvent une forme d'**Auto Hypnose active**.

(*Technique : Métaphore imbriquée*) J'avais mis en place ce système sur ma moto, je venais d'apprendre l'auto hypnose et je me suis dit qu'il fallait tester.

Pour ceux qui connaissent un peu la capitale et le périphérique, c'est un bel endroit où pendant les heures de pointes, il est préférable de ne pas trop fermer ses yeux, si nous ne voulons pas faire des transes actives à l'Hôpital.

Donc je me dissocie avec **un fusible** *(Technique : Fusible)* de « Tu réagis vite et bien en cas de danger ».

J'ai testé des mois entiers jusqu'à parfois faire des erreurs où j'étais un peu trop fatigué et avais une irrésistible **envie de fermer les yeux** (on y revient, **A NE PAS FAIRE**, c'est complètement stupide lorsque nous sommes fatigués, restons derrière les voitures … enfin … bon ! on roule doucement, avec les yeux ouverts).

Après ce constat positif, je me suis dit que j'allais continuer les essais en auto hypnose avec d'autres tests du type 'mains magnétiques' tout en utilisant mon conscient à parler ou argumenter sur un sujet.

Par exemple :
Je me mets en transe, j'ouvre les yeux, pendant ce temps là, j'**explique** aux personnes le phénomène des mains qui se rapprochent :

« **Je suis en transe et tout à fait conscient** pour vous expliquer d'une voix claire ce qui se passe, seulement regardez mes mains, sans que je les conscientise et simplement avec l'image que j'ai proposé à mon subconscient, elles s'attirent à un rythme que je ne gère pas du tout ».

C'est une façon très intéressante de constater que nous sommes bien **continuellement CONSCIENTS**, que nous sommes **en UNITE avec notre SUBCONSCIENT.**

Notre facteur critique (qui n'est pas celui qui nous permet d'expliquer) est contourné *(Technique : Seeding)* donc des mains qui se mettent en catalepsie ou en lévitation, ne sont pas un problème.

Avec Irn nous avons pu constater qu'à force de répéter des heures de mises en transe et d'expériences, nous étions **tout à fait capables,** en transe, d'orienter pour optimiser certaines séances.

C'est le paradoxe du **lâcher prise, dans la CONSCIENCE de ce dernier.**

Il est vrai qu'à certaines profondeurs nous n'arrivions à communiquer qu'avec des gestes idéos moteurs *(Technique : Signaling)*.

Rendez-vous compte que l'Hypnose est tellement naturelle *(Technique : Seeding)* que fréquemment, en parlant avec vos responsables, vos parents, vos professeurs, vous étiez complètement « partis » dans une transe. Pourtant vous parveniez à répondre et échanger.

C'est d'ailleurs **un argument du pretalk** que nous utilisons beaucoup avec les étudiants.

« Il vous est déjà arrivé d'être en train de parler avec un voisin, d'être dans vos pensées, de répondre à un SMS et pourtant de répondre au professeur qui pose une question sur ce qui vient d'être dit, comme si une partie de vous avait quand même suivi ce qui se passait ? »

En conversationnel c'est une de leur force, combien de fois ai-je vu des clients/patients venir et me dire qu'ils sont déjà allé faire des séances dans d'autres styles et qu'ils n'ont fait que suivre une histoire, voire même qu'ils ne se souvenaient plus trop de ce qui avait été dit.

Quand je leur demande si à l'émerge ils ont ouvert les yeux à 5, ils me disent tout naturellement oui.

Là encore, on se rend compte que **le subconscient reçoit bien les informations.**

Dans le même genre quand nous allons refaire les stages de la Méthode Silva (*Technique : Seeding + Pub* : si vous le faites une fois vous pouvez y retourner à vie n'importe où, n'importe quand, gratuitement ...), pendant les méditations actives (forme d'hétéro hypnose) très souvent nous partons tellement loin que nous captons seulement des bribes, tout en faisant l'exercice clairement et en revenant toujours au claquement de doigts de notre extraordinaire instructrice.

Plus vous travaillerez sur vous et plus vous comprendrez ce que représente une transe. Plus vous serez en paix avec cet état et plus vous pourrez l'utiliser.

Yeux ouverts + Rires + Dialogues + Mouvements = Des Transes

Chapitre 21 : L'Auto Hypnose

J'ai une **vision très particulière** de l'Auto Hypnose, je sais que beaucoup de mes proches et des pratiquants, **n'adhèrent pas du tout** à ma perception de cette facette de l'hypnose.

Dans certaines écoles nous étudions dans les premiers modules cet aspect de l'hypnose.

L'Auto Hypnose ou la capacité de **se mettre en transe soi-même**.

Bonne nouvelle, pas besoin de prendre des cours trop longs pour faire **une chose que vous faites tous les jours.** *(Technique : Seeding)*

Nous sommes maintenant d'accord sur le fait que nous sommes plusieurs fois par jour en transe donc **il nous suffit d'apprendre à y retourner.**

Seulement à mes yeux et par expérience, je l'ai vu, vécu et ressenti (*Technique : VAKOG*), allez demander à une personne de faire un processus de transe alors que jamais elle n'a rencontré un état de transe, il va rester sur **une sensation d'inachevé.**

Encore mieux de nombreux praticiens qui pourtant mettent en place leur auto hypnose régulièrement trouvent le moyen de poser la question suivante :
«Je ne suis jamais tout à fait certain que je suis en hypnose. »

J'ai eu la chance d'étudier avec beaucoup de monde et je me suis aperçu que parfois même des personnes qui ont étudié ce système pendant des séminaires entiers, **restent septiques quand à leur état.**

A partir de cette observation que je trouvais plutôt étrange, j'ai mis en place des tests sur des pratiquants d'Auto Hypnose.

Celui de proposer **un ancrage** (*Technique : Ancrage*) lors d'une phase d'Hétéro Hypnose pour y retourner après les avoir approfondis.

Le résultat a été que tous les testés ont été satisfaits de **découvrir leur état hypnotique,** comme jamais auparavant.

(Technique : Métaphore) C'est un peu comme si vous enseigniez à une personne le goût de la mangue.

Imaginez-là, sucrée, exotique, avec ces saveurs qui vous mènent dans des contrées de l'esprit et cette chair qui fond dans votre bouche.

On passe des séminaires entiers à vous faire découvrir cela, on vous passe même des vidéos, des choses extraordinaires... sauf que **jamais vous n'en avez goûté.**

Ne vous poseriez-vous pas la question de savoir si à un moment ou à un autre le goût, la texture, la sensation **que vous avez vécue** est proche ou pas de version « concrète ».

Vous avouerez que c'est dérangeant (*Technique : idée insérée*), n'est-ce-pas ?

Pour moi c'est la même chose.

Admettons, vous prenez ce bouquin ou celui excellent de Noé et vous vous dites :

« Chouette, je suis fatigué, mes boss me stressent, ma femme ou mon mari aussi et même la tortue commence à me faire de l'œil en version agaçante, je vais apprendre dans ces ouvrages des techniques des anciens maîtres de sagesse... »

Vous vous y mettez, vous faites ce que l'on vous indique. Et effectivement **vous vous sentez mieux...**

Bravo, vous avez eu une bonne idée d'acheter ce livre.
Par contre, **vous ne voyez pas la différence** avec la visualisation, la sophrologie, votre dernier cours de Yoga sur Wii Fit...

Il n'y en a pas, ce sont des transes aussi.
«A mais non ! » risquez-vous de me répondre « ce n'est pas QUE ça l'hypnose !!»

Après cette remarque vous risquez d'avoir cette réflexion :
«Si je le faisais avec quelqu'un, est-ce que je ressentirais la même chose ?».

Vous risquez dès lors de **DOUTER** *(Technique : Focus Interne)* et certainement d'arrêter d'utiliser votre apprentissage, cela serait dommage.

Ces apprentissages sont bons, je ne dis pas que vous ne devez pas apprendre dans les livres et vidéos, au contraire, étudiez un maximum avec les différents supports.

Par contre il est intéressant de découvrir et comparer avec une personne qui pourra vous mettre en transe pour noter la différence, **confirmer ou infirmer votre expérience.**

J'ai souvent échangé avec des anciens pratiquants de différentes méthodes qui mettent en transe, comme la sophrologie, la méditation.

Ils me disent :
« Je ne sais pas si je pourrais retourner dans cet état, je sais que ça s'est atténué... »

Une transe étant naturelle et vécue plusieurs fois par jour *(Technique : Seeding)*, ne peut pas s'atténuer.

En séminaire de formation HnO, j'ai mis l'Auto Hypnose en niveau Avancé.

On s'est aperçu qu'après avoir travaillé des heures et des heures sur des séances diverses donc en transe, il ne faut que **10 secondes,** pour enseigner l'auto hypnose**.**

« Fermez les yeux et souvenez-vous de l'état dans lequel vous êtes en séance ». C'est fait.

Imaginez à quel point **c'est simple** *(Technique : Seeding)* **de retrouver une chose** que vous avez déjà vécue.

Imaginez à quel point **vous êtes capable de tout** une fois que l'on vous l'a montrée.

Souvenez-vous combien ce fut difficile de faire du vélo parce que personne ne pouvait nous faire comprendre ce qu'est **l'Équilibre.**

On nous a mis des roulettes, même parfois la première fois on nous a poussé, avec l'espoir que l'on découvre l'équilibre qui restera là, jusqu'à la fin de notre vie.

L'intérêt de vivre **une transe en hétéro hypnose** est la suivante :

Cela reviendrait à savoir être en équilibre sur votre vélo avant même d'y être monté.

Je suis certain que ça vous est déjà arrivé.

Ce que certains appellent des dons : le sport, l'art, la musique, qu'importe combien d'entre vous ont réussi **une chose comme si vous l'aviez toujours fait.**

Dans vos études ou ailleurs, souvenez-vous... *(Technique : Focus Interne)*

Pour moi, l'Hétéro Hypnose a un véritable avantage par rapport aux heures passées pour des méditations, des travaux sur soi, il enseigne déjà **le RESULTAT.**

Nous avons souvent en commun l'idée que nous pouvons tout faire tout seul (et je le pense aussi) par contre : qui ne cherche pas des mentors ?

Il y a des tas de sectes et d'entreprises qui animent des réseaux entiers pour donner des réponses pré-mâchées.

Alors l'intérêt pour gagner du temps, c'est juste d'avoir une aide, qui ne prend guère de temps aux praticiens ou à vos amis experts, pour qu'ils vous mettent en transe et pour que vous puissiez y retourner, soit avec **un ancrage, soit avec un léger apprentissage**.

« Je suis en transe, j'ai appris cette merveilleuse technique et je peux faire des tas de choses... oui mais quoi ? »

C'est là que vous allez pouvoir vraiment **découvrir les choses extraordinaires** qui se cachent à l'intérieur de vous.

Avez-vous lu le Petit Prince, l'Alchimiste ? Ces livres nous entraînent dans un voyage, nous font comprendre gamins que **nous sommes assis sur de véritables trésors**.

Seulement nous ne sommes pas toujours aptes à faire des tours du monde pour découvrir cela.

L'hypnose pourra vous évitez de faire des voyages simplement pour savoir que **votre lumière est en vous**, par contre profitez-en pour découvrir la lumière des autres.

Nous pouvons faire des choses fortes avec l'Auto Hypnose en échange d'un **travail à mettre en place**.

Première chose simple et pourtant terriblement exaltante, **la relaxation**.

Combien d'entre vous aimeraient pouvoir, **en quelques minutes, se détendre d'une longue journée**, d'un stress suite à un conflit ou simplement à la pause clope, sans prendre sa clope.

Avec assez peu de travail on est capable d'arriver à entrer dans des transes actives (c'est-à-dire les yeux ouverts, en discutant normalement), qui permettent de **se détendre rapidement**.

Lisez les statistiques d'impact du stress sur le corps et vous allez vous rendre compte déjà à quel point **l'hypnose est le chemin le plus simple** (*Technique : Seeding*) le plus sympa pour relaxer en profondeur votre corps et promis vous n'aurez pas à écouter des CD avec des « RELAXEZZZZZ VOUS »

Maintenant passons aux choses sérieuses, que peut-on faire d'autre ?

L Anesthésie ou plutôt **l'Auto Anesthésie**.

C'est un grand classique de l'hypnose, Dave Elman qui est à mes yeux un des plus grands hypnotists de tous les temps (*Technique : Seeding)* a mis en place dans les années 50 une anesthésie pour une opération à cœur ouvert sous hypnose.

Ce grand Praticien enseignait les anesthésies aux médecins et aux dentistes, il ne faisait pas partie du staff médical donc il travaillait toujours en soutien.

Aujourd'hui on voit **l'Hypno Anesthésie** refaire son apparition dans le milieu médical et on en parle dans les médias.

Nous pouvons donc nous mettre nous même en état d'anesthésie. Chacun le vit à sa façon. L'un des premiers tests que j'avais tenté, était un contrôle de douleur dentaire.

Ce qui avait parfaitement fonctionné.

Par contre 2 heures plus tard, mon ami qui a vécu l'anesthésie, m'a dit que la moitié de sa mâchoire a été « anesthésiée comme chez le dentiste » avec les mêmes symptômes qu'avec une piqûre, la langue qui ne répond plus et la joue qui picote.

Quand j'ai effectué mes tests sur le terrain, je m'attendais à une même sensation.

Pour **les points de sutures**, j'ai juste senti quelques picotements et comme je parlais en même temps je n'ai pas eu de sensations autres.

A deux reprises chez le dentiste, la première fois c'était assez simple juste un morceau de dent cassé. Pas de douleur, juste les sensations que ça bouge dans tous les sens.

La seconde fois, je ne voulais absolument pas parler de ce que je mettais en place avec ma dentiste, le but étant de vivre une **anesthésie sans me mettre en relaxation** et autre.

Plus ma dentiste creusait (cette fois ma dent était cassée en profondeur sous la gencive, merci la boxe et elle a dû retirer les morceaux et tirer dessus).

Plus elle avançait dans son travail et plus elle me disait **que je devais avoir mal**, elle donnait un paquet de **suggestions négatives**.

On discutait quand elle ne trifouillait pas dans ma bouche. Je sentais tout ce qui était fait et absolument aucune douleur. C'est intéressant, n'est-ce-pas ?

Irn, elle, d'après ses retours d'expérience, est partie dans une transe agréable, elle avait juste demandé au docteur d'éviter de lui dire des suggestions négatives. Elle s'est fait un voyage relaxant.

Il faut **travailler étape par étape**, testez sur des petites choses vous verrez que déjà vous variez votre sensation à la douleur.

La douleur à un rôle d'informateur et trop la retirer peut entraîner des complications.

Avec l'Auto Hypnose vous pouvez également travailler sur vos maux, **vos problématiques émotionnelles.**

En général, il est intéressant de travailler avec des partenaires **ils nous aident et nous orientent.** Après nous pouvons **continuer notre travail** en Auto Hypnose.

J'ai remarqué avec Irn que beaucoup de pratiquants d'Auto Hypnose aiment travailler sur des tas de sujets.
Et que souvent ils évitent de rester un certain temps sur la problématique.

Il y a a **comme des fuites** qui ressemblent à ce que nous entendons souvent au cabinet :
« J'ai déjà travaillé sur cela, avec ma psy, avec mon ami, à la dernière séance... »
Seulement là ce n'est pas un tiers qui va nous le dire. Nous sommes d'**excellents Auto Menteurs.**

Un conseil si vous avez des points à travailler et bien **faites-le pendant des semaines. Soyez persistant.**

L'Auto Hypnose renferme de nombreuses possibilités vous pourrez découvrir cela étape par étape...

Pour ceux qui ont déjà beaucoup travaillé en Auto Hypnose et sur conseil de demoiselle Irn, je vais vous donner une méthode qui permet beaucoup de choses, surtout si vous êtes dans **la recherche de compléter vos séances de thérapie.**

Voici les étapes que j'utilise :

Le pré-requis : Réussir à vous **dissocier** complètement entre votre partie 'Praticien' et votre partie 'client/patient'.

Pour cela, plus vous aurez fait des séances à des clients/patients et plus ça vous semblera simple.

La séance se fait à **haute voix**.

Vous descendez en transe comme si vous étiez en train de faire une séance à un ami. En faisant à voix haute toute la démarche :

« Maintenant descends de 10 à 1, et retourne dans ta zone de confort »
« Y-es-Tu ? »

Vous devez laisser votre **subconscient parler... à voix haute.**
C'est là où ça va devenir très intéressant, nous continuons une séance **comme nous le ferions à un client/patient,** sauf que cette fois **nous sommes notre propre client/patient.**

C'est pour cela que je vous demande vraiment de savoir vous dissocier.

Pour vous donner une idée, je vais vous donner une de mes séances que j'ai trouvée des plus intéressantes :

Je pars sur le thème d'une énorme colère vis-à-vis d'un proche.
Je commence la séance en tant que praticien avec la partie de moi en colère.

J'ai donc **deux timbres de voix** : celle du praticien et celle de la partie traitée.

J'ai dû faire une **régression** *(Technique : Régression)* qui m'amène à un âge de 3 ans
Donc j'ai une voix de 3 ans qui parle avec le praticien, qui rapidement fait intervenir une ressource c'est à dire : moi du présent. *(Technique : Confusion)*

Reprenons, j'ai mon Moi praticien / Moi Enfant / Moi Ressource.

Niveau émotion, c'est comme si vous passiez d'un sanglot d'enfant au calme d'un adulte qui oriente une séance, le tout à haute voix donc vous vous entendez. Cet aspect peut vous déstabiliser la première fois.

Pour continuer, j'ai dû aller en régression depuis l'âge de 3 ans, qui m'a mené en régression **en « vie antérieure »** (n'oubliez pas que

Ce type de régression est une façon dont notre subconscient nous propose une réponse). *(Technique : Régression en Vies Antérieures)*

L'opérateur entraîne le garçonnet en régression, dans une autre ville, dans un autre « corps » et donc une nouvelle voix avec cette fois un accent...

Après un travail sur place je suis remonté en vie présente avec l'enfant puis dans le présent, et sorti de transe.

Il est intéressant donc de voir que nous pouvons gérer une séance comme avec un patient, en Auto Hypnose.

Rappel des points :

1. Voix Haute
2. Vous en tant que praticien
3. Vous en tant que client/patient
4. Dissociation
5. Le praticien Oriente la session
6. Laissez l'autre répondre.
7. **Faites confiance** à ce qui vient de votre subconscient.
8. Apprenez à **lâcher prise** avec les informations qui arrivent.

Ce type d'Auto Hypnose est SIMPLE, il faut avoir travaillé suffisamment en Hétéro et Auto Hypnose pour être **complètement à l'aise** avec notre côté OPERATEUR de séance.

Si vous avez des questions au sujet de l'auto hypnose, n'hésitez pas à me contacter.

État connu + Capacité à y retourner + Relaxation + Compléter ses séances = Auto Hypnose

Chapitre 22 : Le travail du praticien sur lui même

Dans le monde des praticiens la plupart d'entre nous, passons nos journées à **soutenir des patients**.

Nous avons beaucoup de choses qui remontent aussi en séance, il y a des **transferts** et parfois pour certains des **contres transferts**.

Depuis des années que je baigne dans ce milieu et celui du bien être en général, je m'aperçois que beaucoup de praticiens **ne travaillent plus sur eux**.

Il est certain que la bien pensante société des thérapeutes et autres praticiens soutiennent qu'ils continuent **une vraie démarche avec eux même**.

Hors quand on échange, on s'aperçoit que presque tout les thérapeutes parlent de ce **qu'ils ont fait avant,** rarement de ce qu'ils font aujourd'hui.

Je pense sincèrement que ce n'est pas une mauvaise intention de leur part.
C'est simplement que très souvent on peut prendre **la grosse tête**.

Soyons sincères, de nombreuses personnes viennent dans les cabinets d'hypnose et de thérapies brèves.
Beaucoup donnent de bons feed back, beaucoup font des transferts et donc le praticien peut rapidement **se croire extraordinaire**.

Avoir la réponse à tout, ou simplement **chercher de l'amour et de l'estime** qu'ils n'ont pas encore trouvé.

Nous avons tous la croyance collective que les psys travaillent plus pour découvrir leurs réponses plutôt que celles de leurs patients.

Je pense que c'est un peu pareil dans le monde des thérapies brèves.

Qui plus est, la plupart d'entre nous, avons eu **des formations plus ou moins longues et** beaucoup décident de faire de la thérapie avant tout pour eux. (*Technique : Cause à Effet*)

Nous avons un **devoir de travailler sur nous.**
Sinon cela rend cynique et vraiment négatif.
Beaucoup de praticiens n'ont plus la flamme de chercher des solutions, des leviers pour faire avancer les patients.

Non, c'est devenu **une routine et un chiffre d'affaire**. Vous savez un peu comme les professeurs qui aimeraient faire d'autres choses et qui le matin traînent des pieds.

L'Auto Hypnose est vraiment un outil passionnant *(Technique : Seeding)* pour **nettoyer les maux** que nous vivons.

On s'aperçoit que beaucoup des praticiens **ne prennent même plus le temps** pour eux. Ils sont tellement occupés à sauver le monde.

Aujourd'hui une chose me déboussole un peu, avec le temps, je changerais peut être.

Il y a de grandes écoles de formations partout sur le territoire et il y a d'excellents formateurs.
C'est un plaisir d'apprendre avec eux.

Seulement, il y a une chose qui me chagrine, beaucoup de formateurs ne reçoivent quasiment **plus de** clients/patients**.**
Ou des clients/patients une fois de temps à autre quand leur immense emploi du temps le permet.

Vous me direz qu'au moins eux, ils ont le temps de travailler sur eux...

Alors voilà ce qui me chiffonne, comment pouvons-nous donner des cours, enseigner un système que nous **ne mettons plus en pratique** ?

Vous me direz, l'un n'empêche pas l'autre et vous avez raison.

J'ai l'impression que faire des cours avec des exemples de problématiques qu'on a traité dans les années 90, n'est **plus vraiment d'actualité.**

Oui c'est vrai, l'humain ne change pas trop. Oui les problématiques sont quasi-similaires. C'est vrai, par contre le **système devient de plus en plus désuet**.

Prenons un exemple simple :
Aujourd'hui vous connaissez tous les Tablets PC (vous savez la marque à la pomme), si vous restez sur les principes des submodalités, avec les bonnes vieilles méthodes de PNL, vous allez répéter ce que les fondateurs ont posé il y a 40 ans.

Dans notre société de consommation, tout le monde a un smartphone ou un mobile.

On peut utiliser **le levier des technologies** pour ce même travail de submodalités, avec la visualisation sur un écran, jouer avec les molettes de son, luminosité, mettre dans la corbeille, changer les logiciels, donnant ainsi plus d'impact qu'un écran de cinéma, qui ne permettait aucune interaction.

Les instructeurs deviennent facilement des gourous de la connaissance, en proposant des formations avec des niveaux, qu'ils vendent grâce à un joli seeding pendant toutes les sessions.

Ils vous indiquent quoi faire en cabinet, mais n'ont pas géré de problématique depuis des mois, voire des années.

J'ai remarqué que si pendant quelques jours je n'ai pas de client/patient, j'ai un **peu peur de refaire une séance**, comme si je n'allais pas savoir comment les aider, pourtant j'ai fait des milliers de séances.

Jerry Kein exprime la même chose, il dit que parfois quand il a une semaine de repos, il n'est pas à son aise pour reprendre.

On parle d'un des plus grands thérapeutes en Hypnose des États Unis (*Technique : Substitution*).

Je suis certain que beaucoup de formateurs étaient de bons praticiens. Par contre, je ne suis pas certain de leurs expériences... mais bon ! Comme me disait un prof de boxe, il n'y a pas besoin d'être un champion du monde pour être un bon coach.

Seulement, il ne faut pas oublier de **se mettre à jour**, un coach de foot ou de tennis des années 60 ne pourrait pas donner des performances équivalentes avec les joueurs actuels (non je ne parle pas de l'équipe de France de Foot...)

Travail sur soi + Remise en question + Mise à Jour = Travail personnel du Praticien

Chapitre 23 : L'hypnose, les enfants et les personnes âgées

Les thérapies brèves nous placent dans les **derniers maillons** de la chaîne des soins.

Nous avons donc la chance de croiser des clients/patients **de tous âges.**

Nous avons beaucoup de parents qui nous amènent des enfants.
En général, les parents devraient être **les premiers à consulter** un praticien d'Hypnose.

Il y a des « pensées limitantes » que nous trouvons facilement dans des tas d'ouvrages. En l'occurrence qu'il ne faut pas faire des séances à des enfants de moins de 6 ans.

Les enfants étant « sans esprit critique », n'ont **pas besoin d'induction**.
Ils sont déjà naturellement dans un état dans lequel les suggestions sont **directement intégrées** dans le subconscient de ces petits êtres.

C'est pour cela que les parents « éduquent » et « forment » dans cette première partie de vie. Ce qui est assimilé à ces moments là reste presque **indélébile**.

Quand on travaille avec des enfants tout ce que l'on fait a une ampleur extraordinaire. Nous pouvons jouer avec des métaphores liées aux contes, histoires et autres dessins animés.

Les enfants de 4 ans bougent dans tous les sens, ce n'est pas forcément le plus simple au départ.
Il est néanmoins possible de faire **une régression** à ces anges, ce fut le cas d'un de mes petits clients/patients.

J'avais lu que ce n'était pas possible et pourtant, au travers d'un jeu de souvenir, l'enfant est remonté jusqu'à de l'**intra-utérin**.

Mon objectif était de savoir la sensation qu'il avait eue en arrivant sur cette terre.

Cet enfant était né suite à des déclenchements, son père ne le souhaitait pas et sa mère ne s'y attendait pas.

L'enfant avait une **sensation de rejet et surtout de ne pas être à sa place.**

Il disait :
« Je ne veux pas que le bébé vienne, je veux qu'il reste à sa place » et son émotion de colère revenait très fortement.

Les enfants peuvent **nous apprendre** de nombreuses choses sur eux, sur leur passé, leurs maux et leurs peurs. **L'hypnose et les métaphores** apportent des chemins très intéressants.

On peut les lier avec les héros des dessins animés. J'ai remarqué que c'est plus simple à partir de 7-8 ans.

J'ai vu des résultats excellents sur des notions de dyslexie et ses conséquences sur le français.
En faisant des régressions vers la problématique de l'enfant vis-à-vis de l'école ou du professeur.
En lui faisant modifier ses perceptions, ainsi qu'en proposant à son subconscient de revivre à plusieurs reprises l'année d'apprentissage qui l'a perturbé avec les modifications mises en place.
Il a réussi à « récupérer » son retard.

On se rend compte que c'est comme s'il faisait une répétition des cours dans un état de transe.
Vous avez sûrement vu qu'il existe des cours de langues enseignés en transe, avec **d'excellents résultats.**

Sur ce principe, un enfant en transe peut reprendre son apprentissage antérieur.

On peut aussi leur apprendre à **gérer des peurs ou des douleurs.**

Des mangas comme Naruto sont des références pour beaucoup d'enfants.

Il suffit de leur montrer leurs pouvoirs intérieurs en se référant à ces héros et leur faire imaginer.

Ils visualisent facilement les « boules d'énergie » et autres pouvoirs réparateurs.

Beaucoup d'enfants sont capables de gérer, pendant et après la séance, leurs maux, leurs peurs, et leurs freins.

Ce n'est pas le praticien qui est exceptionnel, c'est le client/patient qui a **un potentiel INCROYABLE et SANS LIMITE.**

Les enfants étant **moins pollués** par les pensées d'une société, d'un système, ils sont capables de construire dans leur subconscient et par conséquent dans leur quotidien, des aptitudes que beaucoup d'adultes ne croiraient pas possibles.

Vous pouvez le faire facilement si vous avez des enfants et des petits frères ou sœurs et le faire pour vous.

Faites-les focusser, soit sur votre main, soit sur la sienne, au travers de tests de classique, type main collante.

Faites-lui après jouer le jeu de garder les yeux fermés.

Faites-le se rattacher à ce qu'il aime comme héros.

Suggérez-lui de faire comme s'il avait ces pouvoirs. Commencez les suggestions et faites lui modéliser, s'imaginer comme lui.

Si en plus, il a un petit jouet symbole de ces héros, vous pouvez lui ancrer au départ dans le jouet, puis petit à petit à l'intérieur de lui.

Les suggestions doivent être **positives,** liées avec l'objectif défini.

N'hésitez pas à tester vous verrez que les résultats sont géniaux et **facile à mettre en place.** *(Technique : Seeding)*

Les personnes âgées, c'est une autre histoire.

Dans mes cours j'ai eu des tas d'échos différents, certains pensent que les anciens sont plus difficilement hypnotisables.

Même Jerry Kein appuie cette croyance.

Pour ma part, je ne suis **pas du tout d'accord**, les anciens ont connaissance d'un passé dans lequel il y avait dans leur entourage, un guérisseur, un rebouteux ou autres.

Quand on leur parle d'hypnose, en faisant un explicatif **avec les références qu'ils ont vues** depuis enfant, cela fait un pretalk que je trouve bien plus impactant que pour beaucoup de personnes plus jeunes.

Les anciens viennent la plupart du temps pour **des douleurs physiques** et ne veulent pas travailler sur des maux du subconscient. Il y a donc un travail un peu différent à mettre en place.

Imaginez un ancien qui vient et que vous commenciez à travailler sur des maux du passé, sa vie a été parfois très complexe et pleine de rebondissements

S'il n'est pas **prêt à remuer sa vie,** vous risquez de le mettre mal plus qu'autre chose.

Il y a des outils dans l'hypnose qui permettront de calmer leurs douleurs et de leur enseigner comment gérer cela plus tard.

Par contre ils entrent facilement en transe et vous pouvez travailler sur des ancrages de qualité.

Il est important de faire une **bonne anamnèse** pour ne pas réactiver des ancrages pour lesquels ils ne sont pas venus vous voir.

Créativité + Écoute + Outils = Hypnose sur les Anciens et les enfants

Chapitre 24 : Un praticien

« Pourquoi pendant tout ce livre, tu as parlé de Praticien ? »

Il y a en France des lois et des modes de fonctionnement qui font que le mot **Thérapeute** est désormais un mot « déposé ».

Au bout du compte, c'est une bonne chose. Je vous exprimais dans un chapitre précédent (*Technique : Focus Interne*) que nous sommes souvent des apprenants allant dans des écoles diverses et des formations plus ou moins structurées.

En sortant de bonnes formations, beaucoup ne sont pas capables de faire la moindre thérapie.

N'ayez crainte, il y a aussi de nombreux « thérapeutes » officiels qui feraient mieux de ne jamais pratiquer.

Être Thérapeute est souvent **un cheminement personnel**, un travail sur soi, un travail pour étudier et maîtriser des systèmes techniques, que ce soit la psychologie, la TCC, l'Hypnose ou n'importe quelle méthode.

Après, recevoir des personnes en cabinet, devenir un support dans une démarche de mieux être, c'est une autre paire de manches.

Il y a des problématiques comme celle de **vouloir être le SAUVEUR.**

Beaucoup de thérapeutes et de praticiens ont un syndrome commun, celui de vouloir **prendre la responsabilité de la maladie** des clients/patients.

Nous souhaitons faire du bien, nous avons une capacité d'écoute, il suffit que tout le monde nous dise que nous sommes faits pour ça et nous sommes partis pour sauver le monde!!!

Je suis le **premier à avoir cette maladie**, je me suis pas mal soigné, mais il y a encore des moments où je reprends la responsabilité des clients/patients.

Comprendre que nous **ne sommes pas responsables de la SANTE**, ni de **l'amélioration**, ni de la **dégradation** de notre clients/patients, surtout avec un outil comme l'Hypnose.

Vous allez me dire que **c'est limite**, j'ai même entendu que c'est « dégueulasse de penser ça, que c'est les laisser tomber ».

J'ai déjà refusé des clients/patients et je recommencerai sûrement.

Des personnes qui ne voulaient que **cocher des cases** en plus dans leur recherche thérapeutique.

Des personnes que **je ne pouvais pas aider** simplement parce que je ne leur correspondais pas.

Des personnes qui **ne veulent pas aller bien** et qui souhaitent manipuler leur entourage dans une pseudo démarche thérapeutique.

Ce qui m'a aidé contre **la « maladie du sauveur »**, ce sont deux rencontres. (*Technique : Métaphores*)

Un ancien qui est dans le monde du soin et de l'ésotérisme m'a dit en substance :

« - Tu me ressembles, t'as envie de sauver le monde (et oui, j'avoue que j'ai de temps à autres des logiques mégalomanes:), et ça t'énerve de voir que des gens restent dans leurs malheurs »
«-Oui »
«- Je vais te dire ce que j'ai compris avec le temps, dans le monde il y a un paquet de cons... et si tu perds ton temps avec les cons..., tu n'aides pas ceux qui ont une **vraie envie d'avancer.** »

« -Oui mais à mon âge tu n'avais pas envie d'aider tout le monde ? »

« -Si bien sur, c'est pour ça que je te dis cela, pour que tu ne répètes pas mes bêtises. »

L'autre c'est mon professeur de Kinésiologie qui m'a expliqué que nous sommes **des êtres responsables.**

Responsables de nos victoires, de nos défaites, responsables de nos maladies, responsables de notre mieux être.

Pendant certains de ses séminaires, je l'interrogeais sur le fait que quoi qu'on face vis-à-vis de telle ou telle personne malgré ses mots, son corps nous confirme qu'elle ne veut pas avancer.
Ne sachant que faire, il m'a simplement dit.

« **Fais de ton mieux** avec ce que tu connais, et laisses-les **responsables de ce que tu leur as offert.** »

Maintenant j'ai remarqué qu'en laissant la responsabilité à mes clients/patients, je n'ai que de meilleurs résultats.

C'est ce que les « théoriciens » de l'énergétique expliquent souvent :
« Je ne suis qu'un canal et je laisse l'univers faire ce qu'il faut »

Pour l'Hypnose on met en place nos travaux de suggestions, nos travaux de thérapies des parties, des ancrages et autres. Et après ce sont eux avec eux même.

Récemment en expliquant cela à une jeune praticienne, elle me disait qu'elle voulait absolument **aider une personne** et elle ne trouvait pas le moyen pour la faire avancer.

Je lui demandais ce qu'elle faisait et connaissant ses aptitudes et ses connaissances, techniquement et humainement, elle faisait du bon boulot.

Quand je lui dis de la laisser aussi vivre sa vie et ses maux, **je l'ai sentie mal à l'aise.**

Je lui ai dit que c'est justement parce qu'elle a **une attente « pour elle »** qu'elle prend la responsabilité de sa cliente.

En creusant, on a découvert sa peur de l'échec personnel.

Je lui ai répondu que nous ne sommes que **des hommes et des femmes de soutien, non des dieux** qui changeons et décidons de la vie des autres.

(*Technique : Métaphore*) Prenez l'exemple d'un ami qui vous demande de l'aide pour tondre son gazon.
Vous lui prêtez une tondeuse.

Après s'il n'utilise pas la tondeuse, nous n'allons pas entrer dans sa propriété pour tondre de force.

Nous sommes juste **des praticiens de techniques** et nous proposons des outils, qu'ils utilisent ou pas, cela n'est pas de notre responsabilité.

Vous vous direz peut-être que c'est **une façon dure** de penser, je le comprends.

N'oublions pas une autre chose, **les thérapies brèves ne sont pas des substituts à la médecine.**
Et le terme Thérapie est souvent lié à ce monde médical.
Utiliser ce mot dans l'esprit populaire, et même dans l'esprit plus médical, pourrait faire croire que nous souhaitons nous substituer à la médecine de quelques façons que ce soit.

Nous sommes **des compléments à une démarche** que des clients/patients souhaitent.

A mes yeux un praticien à **plusieurs casquettes**.

Un praticien, avant tout, est une personne qui **pratique un système technique,** qu'il maîtrise au fur et à mesure de sa pratique (ce qui explique qu'être maître, est un doux titre dénué de sens, quand on sort d'une formation, que maîtrisons-nous, si nous n'avons jamais mis sur le terrain les éléments enseignés?)

Un praticien est **un opérateur,** c'est une des facettes de notre métier. Faire en sorte que nos partenaires et clients/patients puissent aller dans un état de transe.

Pour moi, quand nous faisons de la scène ou de la rue, par exemple, nous sommes aussi des opérateurs.

En effet, nous orientons la personne dans une transe et petit à petit **elle découvre ses capacités.** C'est la même chose en cabinet surtout dans des thèmes comme la douleur dont on parlait précédemment. (*Technique : Focus Interne*)

Un praticien est aussi **un « thérapeute »** pas le titre, mais dans un cadre curatif, trouvant des outils qui **améliorent l'état** global de la personne.

Nous avons donc différentes méthodes, en général complémentaires pour faire en sorte que notre client/patient se sente mieux et pour que la problématique s'atténue ou disparaisse complètement.

C'est là, une différence avec ce que nous pouvons faire dans la rue ou sur scène, qui n'a pas pour vocation de **trouver des solutions** ou, en tout cas, des voies de changement pour le client/patient.

C'est aussi important de se rendre compte qu'avec cette facette du praticien ce n'est pas une séance, mais sûrement une série de séances qui sont à prévoir.

Un praticien est aussi parfois un **conseiller.** Je sais ce que vous pouvez vous dire :

« T'es qui pour conseiller ? ».

Dans des séances plus liées aux objectifs, nous sommes dans un échange qui amène le client/patient à nous demander nos points de vue.

Nous ne sommes pas des gourous ou des maîtres de pensées, nous ne devons pas injecter nos croyances, par contre, l'échange est **un vecteur de réflexions** qui apporte aussi ses évolutions positives et ses **transformations de schéma de pensée.**

Nous sommes donc, à mes yeux, un peu de tout et à chaque fois différents en fonction des êtres et des besoins que nous rencontrons.

Parfois, nous ne restons que des opérateurs et d'autres fois un mix du tout.

Pensez que vous êtes capable de tout, l'Hypnose n'attend que vous.

Opérateur + Thérapeute + Conseiller = Praticien

Conclusion

Voilà ce premier volume sur l'hypnose pour vous présenter un autre point de vue de cette discipline aux mille terrains d'applications.

Si vous avez pu vous rendre compte que tout ce monde est certainement celui qui est **le plus proche de vous** depuis que vous êtes né, vous aurez compris l'essence de ce livre.

Retenez que l'**hypnose est vraiment simple** à apprendre et à étudier.

Aller en transe ou mettre un partenaire en état hypnotique n'est qu'une simple formalité.

Pour aller vers des aspects plus curatifs, il est intéressant de suivre des formations, de bien travailler sur soi.

Ce livre n'est qu'**une vision d'un praticien comme tant d'autres**.

Ce que je vous propose n'est pas une VERITE, **c'est juste un CHEMIN**.

Si en lisant des ouvrages vous avez l'impression que l'auteur est « incroyable » dites vous alors que **vous l'êtes aussi**.

Ce qu'un homme a fait, les autres peuvent le faire et l'apprendre aussi.

Vous êtes Exceptionnels, la seule chose à faire c'est : PRATIQUEZ, PRATIQUEZ, PRATIQUEZ.

Prenez plaisir sur le chemin de l'apprentissage.

Pank

Chapitre Annexe

Durant tout le livre j'ai marqué en italique des Techniques.
Le but étant juste de vous montrer quand il y en a une qui est mise en place.

Je voulais le faire sur toutes les techniques que nous utilisons intentionnellement ou pas.
Simplement je trouve que ça chargerait trop le livre.

Je me suis arrêté à quelques techniques pour que vous puissiez voir que c'est simple et je suis certain que dans vos mails vous en utilisez sans le savoir.

Un livre entraîne dans des transes nous le savons tous.
Si en plus il est sur ce sujet, il peut être volontairement utilisé pour faire passer des messages vers le subconscient.

Vous verrez en relisant que j'ai beaucoup « seeder » la simplicité de la méthode.

On plante donc des graines que l'on nourrit avec des répétitions durant tout le livre ou le dialogue.

Pour les métaphores, vous observerez que c'est difficile d'écrire sans en faire. Nous en faisons tous. On nous dit parfois que certains sont très forts pour faire des métaphores imbriquées. Ce n'est rien de plus qu'une histoire, ou une image dans une histoire ou une explication que nous avons commencée.

Il y a pas mal de techniques de PNL, que je n'ai pas soulignées je préfère qu'avec l'expérience vous puissiez lire ce livre comme une enquête. Voir ce que j'y ai mis.

L'hypnose est partout dans les ouvrages, les médias, les pubs. Plus vous serez sensible à ces messages et plus vous réussirez à vous défendre des manipulations. Souvent je me suis aperçu que même en connaissant la technique, je me fais avoir.

Continuez à lire, vous former et tout remettre en question.

Personne n'a de vérité, nous sommes juste des découvreurs de nos chemins.

Remerciements

Je vous remercie tous d'avoir lu cet ouvrage
et plus particulièrement :

Irène qui a toujours été là pour moi, pour me remettre en questions, débattre, travailler, avancer et partager. Merci pour ce que tu es et pour ce que tu deviens.

Christine qui toujours avec sa douce naïveté, ne se rend pas compte à quel point elle est douée dans cette discipline et tant d'autres.

Django qui a été le premier à me suivre dans Hype-N-Ose, qui avance debout et fier dans ce monde et son monde. Paix sur toi mon ami.

Cécile qui a osé plonger dans le bain de l'hypnose et des thérapies brèves, qui est toujours prête à avancer et qui le fait à merveille.

Elodie qui prend son envol et qui apprend avec passion, pour donner sa passion.

Jimmy qui apporte tant avec son ouverture, sa soif de devenir et de savoir.

Emmeline qui est désormais une « Practicienne » world wide et qui trouve ses réponses en une destination si proche... son être.

Tous les élèves de Hype-N-Ose qui m'ont fait confiance : JS, Laure, Trex, Kerstine, Joss, Estelle, Pyro...

Tous mes Patients/Clients qui m'offrent la possibilité de faire partie de leurs équipes. Tous les Streeteurs qui démystifient l'hypnose dans la rue : Binbin, JE, Péa...

Merci à mes professeurs :

Lee Pascoe qui nous donne tant avec une telle congruence que c'est un modèle qu'il va m'être difficile de rattraper.

Michael Dolton qui me montre que nous pouvons être nous même avec une simplicité et une force extraordinaire.

Axel Bourgais qui m'a donné sa vision et son enseignement de la PNL avec une ferveur et une si grande envie de changer les esprits qu'on ne peut qu'être admiratif.

Raymi Phenix qui même si nos accords semblent en désaccord offre sans compter ses heures de réflexions et d'apprentissages.

Dan Debeix qui m'a bien fait comprendre les rouages du conversationnel.

Gérald Vassel qui donne beaucoup sans jamais nous montrer ce qu'il donne.

Michel Martinat qui par ses mots et sa compréhension de la Kinésiologie, m'a fait comprendre ce qu'est un praticien.

Jerry Kein dont sa manière de faire m'a totalement décomplexé sur cette méthode fabuleuse.

Enfin **Steve Wells et David Lake** qui m'ont fait découvrir ou plutôt redécouvrir la force de la provocation et l'art de l'humour.

Les Instituts de Formations en France :

Hypnovision et Hypnose Avancée NGH :
Mme Lee Pascoe
Enseignements : Méthode Silva/ Hypnose et beaucoup de méthodes complémentaires

Téléphone : 02-32-34-45-42
Mail : lee@hypnovision.net
Site Internet : http://www.hypnovision.net/

Hype-N-Ose :
Enseignement : Hypnose Classique Curative

Téléphone : 06-62-30-45-17
Mail : hype.ose@gmail.com
Site Internet : http://www.hype-n-ose.com

IFHE :
Enseignement : Hypnose Ericksonienne/ Hypnose Humaniste

Téléphone : 01-43-06-00-00
Mail:contact@ifhe.net
Site Internet : www.hypnose-ericksonienne.com

ARCHE :
Enseignement : Hypnose Ericksonienne/ PNL/ EFT

Téléphone : 01-53-16-32-75
Mail: info@arche-hypnose.com
Site Internet : www.arche-hypnose.com

Institut Phenix :
Enseignement : Hypnose/ PNL
Téléphone : 04-93-69-97-10
Site Internet : www.phenixinstitut.com

École Centrale d'Hypnose :
Enseignement : Hypnose Ericksonienne

Téléphone : 01-40-33-01-14
Site Internet : www.ecole-centrale-hypnose.fr

---

www.ingramcontent.com/pod-product-compliance
Lightning Source LLC
Chambersburg PA
CBHW060312290526
45789CB00001B/493